Allegria

WIDMUNG:
Für Barbara, meine Ehefrau
und werdende Mutter unserer Kinder

Dieter Scherer

Ayurveda-Gesundheitsbuch für Frauen

Sanfte Heilmethoden
für Körper, Geist und Seele

Ullstein

Besuchen Sie uns im Internet:
www.ullstein-taschenbuch.de

Allegria im Ullstein Taschenbuch
Herausgegeben von Michael Görden

Umwelthinweis:
Dieses Buch wurde auf chlor- und säurefreiem Papier gedruckt.

Neuausgabe im Ullstein Taschenbuch
1. Auflage März 2008

Umschlaggestaltung: FranklDesign, München
Titelabbildung: www.artshivananda.com
Druck und Bindearbeiten: GGP Media GmbH, Pößneck
Printed in Germany
ISBN 978-3-548-74390-5

Inhalt

Vorwort

Ayurveda für Frauen soll weder ein bloßes Schönheits- noch Wellnessbuch sein. Es stellt ein medizinisches Gesundheitsbuch dar, geschrieben auf der Basis der täglichen Erfahrungen aus der Ayurveda-Medizin. Es bietet der modernen Frau eine Anleitung für ein langes und gesundes Leben, die seit über 5000 Jahren nahezu unverändert blieb und sich millionenfach bewährt hat.

Ayurveda kennt sieben körperliche Abschnitte im Leben einer Frau:
- Balika – die Zeit von der Geburt bis zur Pubertät
- Kumari – die Zeit von der ersten Periode bis zur Heirat
- Gruhini – die Zeit der Ehe
- Rajaswala – die Zeit der menstruierenden Frau
- Garbhini – die Zeit der Schwangerschaft
- Prasuti – die Stillzeit
- Prudha – die Zeit nach der Menopause

Ich habe in diesem Buch versucht, auf diese Lebensabschnitte so einzugehen, damit Sie den größtmöglichen Nutzen für Ihren Alltag daraus ziehen können. Außerdem erfahren Sie einiges über die Stellung der Frau in der ursprünglichen vedischen Gesellschaft. Auf diese Weise möchte ich Sie zurück zu Ihren Bedürfnissen und Ihrer weiblichen Natur führen und Ihnen die Akzeptanz und Achtung vermitteln, die Ihnen die ayurvedische Medizin entgegenbringt.
Darüber hinaus möchte ich Ihnen auch einen Einblick in die wissenschaftliche ayurvedische Heilkunde geben, die in ihrer unvergleichlichen Vollständigkeit jeder anderen Naturheilkunde weit überlegen ist. Das ayurvedische Wissen ist ein einmaliger Schatz von unglaublicher Vielfalt, und es ist traurig, dass diese Kostbarkeit im Westen überwiegend zur Wellness-Ayurveda verkommt. Ayurveda umfasst acht medizinische Fachrichtungen mit einer unüberschaubaren Menge an Rezepturen und therapeutischen Maßnahmen.
Dieses Buch ist auch für Frauen ohne ayurvedisches Vorwissen geeignet. Das Hauptaugenmerk liegt nicht auf den theoretischen Grundlagen, sondern in deren praktischer Umsetzung anhand vieler Rezepte und Tipps. Noch tiefer mit den ayurvedischen Grundlagen und der Ernährungslehre beschäftigen sich zwei vom Autor bereits verfasste Bücher.[1]

Über die weibliche Natur

»Alle schönen Dinge sind in kompakter Form in einer Frau zu finden und nirgendwo anders. Alle Sinnesobjekte, die in Gestalt der Frau zu finden sind, spenden einem Mann größtmögliche Freude. Deshalb ist die Frau für einen Mann der liebenswerteste Gegenstand. Es ist die Frau, die Kinder gebiert. Dharma (Rechtschaffenheit), Artha (Wohlstand), Lakshmi (Glück) und die gesamte Welt (Loka) sind in einer Frau zu finden.« Caraka Samhita [2]

Die vedische Idealgesellschaft

Was versteht man unter der Natur der Frau? Um dieser Frage nachzugehen, möchte ich mich weniger auf eine sozialkritische Betrachtung über unsere moderne Gesellschaft einlassen. Vielmehr möchte ich über die Natur der Frau aus vedischer Sichtweise schreiben, eine Sichtweise, die im Übrigen in Indien leider seit langer Zeit nicht mehr existiert. Um Ihnen diesen Blickwinkel näher zu bringen, ist es jedoch notwendig, Ihnen ein wenig über die vedische Gesellschaftsstruktur zu erzählen, wie sie laut verschiedener Quellen damals existiert hat.[3]

Der Veda ist über Jahrtausende der Maßstab der indischen Gesellschaft gewesen, der alle Bereiche des Lebens, der Ethik, der Philosophie, des Gesundheitswesens, aber auch der Sozialpolitik und des Familienlebens bestimmt hat. Die Veden gelten als höchstes, von Gott inspiriertes Wissen. Sie wurden von den Weisen (Rishis) vor Äonen von Zeitaltern empfangen und über lange Epochen nur mündlich überliefert. Erst mit dem Eintritt in das dunkle Zeitalter (Kaliyuga) etwa 3000 vor Christus wurde langsam mit der schriftlichen Niederlegung der Veden begonnen, da die Rishis den kommenden körperlichen und geistigen Verfall der Menschheit in dieser Periode voraussahen.

Man unterscheidet vier große vedische Werke: Rigveda, Samaveda, Yajurveda und Atharvaveda. Der Ayurveda entstammt dabei dem jüngsten Werk Atharvaveda. Das wichtigste und älteste Buch des Ayurveda ist die Caraka Samhita. Man schätzt seine schriftliche Entstehung zwischen 1500 und 500 vor Christus.

Noch vor der vedischen Epoche entstand die von Gott gegebene Vier-Schichtengesellschaft (Varna), die die Bevölkerung ähnlich unserer mittelalterlichen

Ständegesellschaft in vier unterschiedliche Sozialgruppen unterteilte. Erst Jahrtausende später entwickelte sich langsam mit zunehmendem Verfall der vedischen Gesellschaft aus dem Vierklassensystem das berühmt berüchtigte Fünfkastensystem, das teilweise noch heute in ländlichen Gebieten Indiens von Bedeutung ist.

»Wenn ein Mensch die Eigenschaften eines Brahmanas, Kshatriyas, Vaishyas oder Shudras aufweist, sollte er diesen Eigenschaften gemäß eingestuft werden, selbst wenn er in einer anderen Kaste geboren wurdete « [4]

Das ursprüngliche vedische Varnasystem war im Gegensatz zur Meinung vieler westlicher Vedenexperten keineswegs ein per Geburt festgelegtes, starres und unfreies Gebilde. Es kannte kein Geburtsrecht oder Geburtszwang. Jeder Mensch wurde im Laufe seines Heranwachsens nach seinen persönlichen Eigenschaften (Charakter, Psyche), seinen Fähigkeiten und Interessen beurteilt und dann als Erwachsener dem jeweiligen Varna zugeordnet. Die Bhagavadgita, der populärste und nach der Bibel am häufigsten übersetzte spirituelle Text, sagt dazu: »Die vier Einteilungen der menschlichen Gesellschaft entsprechend Guna (Eigenschaften) und Karma (Handlungen) wurden von mir geschaffen.«[5] »Das Handeln der Brahmanen (Gelehrten), der Kshatriyas (Adligen und Krieger), der Vaishyas (Bauern und Händler) und der Shudras (Dienstleistenden) wird nach den Seinsbestimmungen (Gunas) eingeteilt, die in ihrer eigenen inneren Natur ihren Ursprung haben.«[6]

»Friedfertigkeit, Selbstbeherrschung, Entsagung, Reinheit, Duldsamkeit, Ehrlichkeit, Wissen, Weisheit und Religiosität sind die natürlichen Eigenschaften, die die Handlungsweise der Brahmanas bestimmen.«

»Heldenmut, Macht, Entschlossenheit, Geschicklichkeit, Mut in der Schlacht, Großzügigkeit und Führungskunst sind die natürlichen Eigenschaften, die die Handlungsweise der Kshatriyas bestimmen.«

»Ackerbau, Kuhschutz und Handel sind die natürliche Beschäftigung für die Vaishyas.«

»Die aus der eigenen Natur des Shudra bestehende Tätigkeit liegt darin, durch Arbeit anderen Dienste zu leisten.« [7]

Man unterschied damals vier Kasten: Der Brahmana, die Priester- und Lehrerschicht, die zwar ohne eigenen Besitz leben musste, aber durch ihr Wissen den größten Einfluss auf alle Bevölkerungsteile ausübte. Sie galt als Berater der

Führungs- und Verwaltungskaste (Kshatriya) und als spiritueller Lehrer und Priester aller anderen Schichten. Der Kshatriya, die Führungskaste (Adlige, Minister, Soldaten), die hohen Anforderungen von Ethik und Moral unterworfen wurde, war für den Schutz und das Funktionieren der Gesellschaft zuständig. Es war beispielsweise ohne weiteres möglich, einen König oder Minister anzuklagen und für ein Verbrechen oder Korruption zu verurteilen. Der Vaishya, die Kaste der Bauern, Händler, Handwerker und Künstler, war für die Versorgung des Volkes zuständig. Auch sie musste sich den strengen Richtlinien unterwerfen und durfte aus ihrem Besitz und ihren Tätigkeiten keinen Wucher oder Zins verlangen. Dem Shudra waren alle Berufstätigen zugeordnet, die Dienstleistungen und niedrige Arbeiten erbrachten.
Insgesamt kann man dieses System mit den vier Gliedern eines menschlichen Körpers vergleichen. Die Brahmanen als Kopf, die Kshatriyas als ausführende Arme, die Vaishyas als Rumpf und Bauch und schließlich die Shudras als Beine. Nur wenn alle vier Glieder miteinander im Einklang sind, kann das gesamte System funktionieren.
Dadurch dass alle Menschen nach ihren Fähigkeiten und Neigungen eingestuft wurden, konnte man auch sicher sein, dass jeder an seinem richtigen Platz saß. Menschen, die herausragende intellektuelle Talente hatten, waren beispielsweise in verantwortlichen Positionen, während diejenigen, die eher über handwerkliches oder künstlerisches Geschick verfügten, sich in der entsprechenden Schicht der Vaishyas wieder fanden. Somit war garantiert, dass das Volk – im Gegensatz zu unseren heutigen Demokratien – in erster Linie von Menschen regiert wurde, die auch tatsächlich im Besitz der geistigen Kompetenz und Reife sind. Außerdem gab es immer wieder ein Auf- und Absteigen innerhalb der Schichten. Wenn beispielsweise ein Angehöriger einer hohen Schicht nicht über die Fähigkeiten seiner Kaste verfügte, wurde er als *dvijabandhu* (aus der Kaste Gefallener) bezeichnet und kam in eine andere Schicht, die seinen Fähigkeiten eher entsprach. Genauso erging es einem Brahmanen, der sein Wissen zu eigenen Zwecken einsetzte, oder einem Adligen, der seine Macht missbrauchte. Beide verloren ihr Ansehen und wurden in die unterste Kaste verbannt. Umgekehrt konnten jedoch auch einfache Menschen mit besonderen Fähigkeiten in die oberen Schichten hineinwechseln.
Die ethische Grundlage der vedischen Gesellschaft war das Weltengesetz (Dharma), das rechtschaffene Handeln. Dharma wird in den vedischen Schriften durch zahlreiche Verhaltensrichtlinien beschrieben und regelte das soziale Miteinander. Aufgrund dieses hohen ethischen Gesetzeswerks wurde Recht gesprochen, das Volk regiert, Handel betrieben, die ethische Gesinnung eines Arztes vorgegeben sowie das familiäre Zusammenleben festgelegt.

Die Rolle der Frau

Dieses ursprünglich von Gott geschaffene System sollte das friedvolle Miteinander einer in immer größeren Städten lebenden Gesellschaft ermöglichen. Es war eine Lebensgemeinschaft, in der trotz der unterschiedlichen Gruppen eine natürliche Gleichberechtigung und gegenseitige Achtung herrschte. Die Frau war dem Mann praktisch gleichgestellt, obgleich auch die ursprüngliche vedische Gesellschaft ein Patriarchat war. Frauen wurden überwiegend zur Kaste der Shudras gezählt, da Dienen und Mutterschaft als größte weibliche Tugenden angesehen wurden, dagegen wurden Herrschen, Kämpfen und Philosophieren eher als typisch männliche Eigenschaften eingeordnet.
Frauen waren jedoch nicht nur für Heim und Familie zuständig. Sie hatten im Grunde viele Freiheiten, den Tätigkeiten nachzugehen, die ihren Talenten entsprachen. Die Großfamilie spielte in der vedischen Gesellschaft von Anfang an eine dominierende Rolle. Der geeignete Ehepartner wurde zwar in Absprache mit den jeweiligen Eltern vorgeschlagen, aber die Frau hatte – im Gegensatz zur späteren indischen Kastengesellschaft – sehr wohl die Entscheidungsfreiheit, zwischen den verschiedenen Anwärtern auszuwählen oder sie sogar abzulehnen. Die vedische Ehe war mehr ein Lebensbündnis als eine Liebesheirat. Um diese einmalige Entscheidung richtig zu treffen, mussten einfach alle Aspekte stimmen. Die vermeintlichen Ehepartner, die beiden Familien, der Zeitpunkt, die Horoskope einfach alles wurde vorher durchdacht, damit am Ende eine möglichst viel Glück verheißende lebenslange Ehe zustand kam. Auch in der Ehe war die Frau dem Mann rechtlich gleichgestellt und wurde beispielsweise bei außerehelichen Beziehungen genauso bestraft wie er. Sexualität bedeutete in erster Linie Fortpflanzung und in zweiter Linie Vergnügen. Daher war Sexualität außerhalb der Ehe im Grunde undenkbar. Scheidungen waren grundsätzlich nicht möglich, außer wenn der Ehemann seine Frau nachweislich schlecht behandelte und seinen familiären Pflichten nicht nachkam. Witwen sollten nach der Trauerzeit versuchen, ihren Mann zu vergessen, und wurden darin bestärkt, sich neu zu vermählen. Die noch teilweise bis in unsere Zeit hinein praktizierte Witwenverbrennung in Indien ist erst im Mittelalter, möglicherweise durch die jahrhundertelange moslemische Herrschaft, entstanden.
Frauen waren vor allem durch die Tatsache, dass sie die Nachkommen in die Welt setzen, sehr hoch angesehen. Nachwuchs hatte höchsten Stellenwert und laut den Veden sollte sich jeder rechtzeitig darum bemühen, da dies zu den wichtigsten Aufgaben im Leben eines Menschen zählt. Daher wurde den

Müttern eine hohe Achtung entgegengebracht, von der die Frauen in unserer Gesellschaft im Grunde nur träumen können.
Im vedischen Kastensystem wurde alles dafür getan, auf die Gesundheit der werdenden wie auch der stillenden Mutter zu achten und sie bei der Betreuung und Erziehung bestmöglich zu unterstützen. Frauen bekamen ausreichend Zeit, Unterstützung und Sicherheit, um sich ausschließlich um ihr Baby zu kümmern. Mutter und Säugling wurden täglich mit ayurvedischen Kräuterölen massiert und mit Heilpflanzen gestärkt. Die Babys wurden lange gestillt, mindestens ein Jahr, oft länger, weil mit der Muttermilch nicht nur die beste Ernährung, sondern auch der Lebensnektar Ojas an das Kind weitergegeben wurde.
Frauen sahen in der Mutterschaft jedoch nicht ihre einzige Lebenserfüllung oder gar Aufgabe. Sie galten selbstverständlich als die Hüterinnen des Hauses, denn der Mann musste den Unterhalt verdienen. Sie konnten sich den Künsten und kreativen Dingen widmen, da ihnen die Erziehung der Kinder oft von den Großeltern abgenommen wurde. Frauen waren als wichtige Berater begehrt, denn ihre Intuition und ihr Einfühlungsvermögen unterscheidet sie so stark von den Männern, dass sie ihnen in vielerlei Hinsicht sogar überlegen sind. Sie waren auch als Priesterinnen tätig und kein spirituelles Ritual durfte ohne die Anwesenheit einer Frau abgehalten werden. Frauen waren die Stützen des Sozialwesens, denn sie wollen Gemeinschaft leben. Sie sind es, die sich um Familie und Freunde kümmern, und sie haben die integrative Kraft, die beim Mann weniger ausgebildet ist.
Die Frau wurde aus vedischer Sicht als das Schöne schlechthin angesehen, vergleichbar mit der Schönheit und Fruchtbarkeit unserer Mutter Erde. Und Sie wurde tatsächlich ebenso hoch geschätzt und respektiert wie unsere Erde. Die Frau hat im Gegensatz zum Mann bereits alle schönen Dinge in sich vereint: Wohlstand (Artha), Rechtschaffenheit (Dharma), Glück (Lakshmi) und die ganze Welt (Loka). Daher musste sich die Frau ihren Respekt nicht erst durch Leistung oder Karriere erarbeiten.
Erst durch den steten Niedergang der ursprünglichen vedischen Gesellschaft wurden auch die Frauen in Indien mehr und mehr entrechtet. Die herrschenden Brahmanen- und Kriegerkasten entwickelten ihr eigenes Kastensystem, das zusehends zu einer geschlossenen Macht- und Unterdrückungsgesellschaft mutierte. Frauen verloren im Zuge dieser Umgestaltung große Teile ihrer Freiheiten und Rechte. Sie wurden den Männern immer stärker untergeordnet und durften nur noch eingeschränkt an religiösen Zeremonien teilnehmen. Ihre Hauptaufgabe bestand größtenteils nur noch darin, Kinder zu bekommen und ihrem Mann untertänigst zu dienen.

Die Frau in unserer modernen Gesellschaft

Die Frauen im Westen haben es dank der Emanzipation der letzten 40 Jahre geschafft, eine einigermaßen gleichberechtigte und gleichgestellte Position in unserer Gesellschaft zu erreichen. Doch die rechtliche Gleichstellung hat leider in unserer Leistungsgesellschaft ihren Preis. Man hat mittlerweile das Gefühl, dass alles, was nicht unmittelbar Gewinn abwirft, eher eine Belastung für unsere Volkswirtschaft ist. Somit werden an die Frauen männliche Leistungsansprüche gestellt, obwohl die Geschlechter nicht nur äußerlich deutliche Unterschiede aufweisen, sondern auch vom Wesen her sehr verschieden sind. Frauen sind von Natur aus weicher, nachgiebiger, emotionaler und mitfühlender als Männer. Frauen kümmern sich viel selbstverständlicher um andere Menschen und sorgen sich um das Wohl der Familie und Freunde. Der Versuch, Frauen in so genannte Männerpositionen und -berufe hineinzubringen, hat nicht zu mehr Weiblichkeit in diesen Berufen geführt, da es den Frauen unmöglich gemacht wird, sie auf weibliche Art und Weise auszuüben. Es kam eher zu einer Vermännlichung unserer Frauen als zu mehr Weiblichkeit in unserer Gesellschaft. Wo finden wir bei uns noch Liebe, Mitgefühl, Sorge, Emotionalität, Kreativität, tiefes spirituelles Wissen und Intuition?

Frauen passen sich der heutigen Gesellschaft an, die mehr denn je geprägt ist von männlichen Eigenschaften wie Konkurrenzdenken, Egoismus, Aggressivität, wirtschaftlichem Erfolg, Ruhm, Korruption und Karriere, sodass ihre weibliche Natur dabei unterdrückt wird und mehr und mehr verloren geht. Wer anders darüber denkt, möge bitte die folgenden Fragen für sich beantworten.

1. Ist es bei uns selbstverständlich, dass eine Frau jeden Monat mehrere Tage von der Arbeit fern bleiben darf, weil sie ihre Periode hat?
2. Bekommt eine Frau, die 20 Jahre und mehr dafür geopfert hat, um ihre Kinder großzuziehen und ihren Mann zu versorgen, später die gleiche Rente, als wenn sie voll berufstätig gewesen wäre?
3. Sind Inspiration, Mitgefühl oder Integration Werte in unserer Gesellschaft, die gefördert und belohnt werden?
4. Nimmt sich unser Staat den allein erziehenden Müttern so an, dass sie sich ohne Zuarbeit auf die Erziehung der Kinder konzentrieren können, ohne jeden Monat knapp am Existenzminimum vorbeizuschlittern?
5. Ist es gesellschaftlich akzeptiert, dass schwangere Frauen jederzeit selbst entscheiden dürfen, nach Hause zu gehen, wenn sie Schwangerschaftsbeschwerden haben?

6. Welchem weiblichen Schönheitsideal wird in unserer Gesellschaft gehuldigt? Und wie viele Frauen versuchen wegen dieses Schönheitsideals ihre Weiblichkeit zu verbergen oder wegzuhungern?
7. Geht der Trend heutzutage angesichts der weiter anwachsenden Erotikbranche nicht immer mehr dahin, die Frau nur noch als reines Lustobjekt anzusehen?

Die Liste der unangenehmen Fragen könnte praktisch endlos weitergeführt werden und selbst der Uneinsichtigste müsste irgendwann zugeben, dass unsere Gesellschaft trotz Emanzipation eine männliche geblieben ist. Nach dem Motto: Wenn die Frauen mehr Rechte oder gar Gleichberechtigung haben wollen, dann nur, wenn sie sich den Leistungen und Stärken (und Schwächen!) des männlichen Konkurrenzkampfes anpassen. Familie, kranke Kinder, Menstruationsbeschwerden oder klimakterische Probleme mindern die Produktivität und haben daher in unserer Leistungsgesellschaft keinen Platz.

Frauen sind aber keine Männer. Jeder in unserer Gesellschaft, ob Frau, Mann, Kind, Greis oder Behinderter hat eine andere Natur und andere Bedürfnisse. Die Emanzipation der Frau war nur der erste wichtige Schritt in die richtige Richtung. Wenn die Frau diese Freiheit gemäß ihrer Natur nutzen möchte, dann darf sie sich nicht den Gesetzen unseres modernen Kapitalismus unterwerfen und sich zwingen lassen, dem Manne gleich zu werden. Emanzipation heißt Gleichberechtigung und nicht Gleichmachen!

Irrwege menschlicher Medizin

Auch unsere westliche Medizin ist sehr stark von männlichen Attributen dominiert. Wie oft lesen wir vom heroischen Krieg der Ärzte gegen die eine oder andere Krankheit. Erreger müssen getötet, Tumore müssen ausgemerzt und Infektionskrankheiten ausgerottet werden. Je unheilbarer eine Krankheit erscheint, umso härtere Behandlungsmethoden sind gerechtfertigt. Wie anders ist es zu verstehen, dass man auf die Idee kommt, hochgiftige Kampfstoffe aus dem Krieg gegen die meisten Krebsarten als Chemotherapie einzusetzen oder Menschen viele Male mit hochenergetischen Strahlen zu beschießen, um Tumore einzuschmelzen? Und auch wenn es genügend Menschen gibt, die nicht nur den Krebs, sondern auch noch diese Form von Therapie überlebt haben, sollte die Frage erlaubt sein, ob dieser aggressive Weg wirklich der einzig Heil bringende ist. Wie viele hunderte von Milliarden sind in den letzten Jahrzehnten weltweit ausschließlich in diese Art der Bekämpfung von Krankheiten gesteckt worden und wie kümmerlich wurde in andere, sanftere Heilmethoden investiert? Allein schon die wörtliche Übersetzung des allgegenwärtigen Antibiotikums (= gegen das Leben gerichtet) sollte uns stutzig machen. Eine Medizin, die gegen das Leben gerichtet ist, versucht Leben zu retten?

Man hat auch wenig Probleme damit, Millionen von Versuchstieren Jahr für Jahr für den so genannten medizinischen Fortschritt zu quälen und zu opfern. Auch das zeigt die zutiefst grausame Einstellung gegenüber dem Leben und der Natur nach dem Motto: Der Zweck heiligt die Mittel. Die fehlende Achtung gegenüber der Schöpfung ist nicht nur ein Merkmal der modernen Medizin. Wir finden sie in allen Bereichen unserer Gesellschaft wieder. Aber gerade in der Medizin führt der Glaube an die Überlegenheit menschlichen Denkens gegenüber der Intelligenz der Schöpfung immer wieder zu fatalen Irrtümern und Fehlentwicklungen, die möglicherweise mit mehr weiblichem Einfluss zu vermeiden gewesen wären.

Da der Körper der Frau besser zu manipulieren ist als der männliche, wurde in den letzten Jahrzehnten in der medizinischen Forschung nichts unversucht gelassen, Medikamente auf den Markt zu bringen, um die Harmonie der weiblichen Natur empfindlich zu stören. Hormone sind das Zauberwort der modernen Medizin. Hormone sollten nicht nur auf körperlicher Ebene den Frauen als neues Wundermittel gegen allerlei Beschwerden helfen, sondern sie auch in ihrer (sexuellen) Freiheit unterstützen, indem sie von jetzt an jederzeit selbst entscheiden konnten, ob und wann sie Nachwuchs bekommen möchten oder nicht. Das verführerische Versprechen der Antibabypille, praktisch ohne größere Nebenwirkungen oder Spätfolgen die sexuelle Selbstbestimmung der Frau zu fundieren, führte zu einem wahren Boom dieses Medikamentes, an dem praktisch kein weibliches Wesen der westlichen Welt mehr vorbeikommen konnte. Die Pille hat heutzutage eher den Status einer Vitamintablette als eines ernst zu nehmenden Medikaments. Die Öffentlichkeitsarbeit der Pharmaindustrie, die geschickt den Druck der Emanzipationsbewegung und der Ärzteschaft ausnutzte, war so perfekt, dass sämtliche Bedenken gegen Nebenwirkungen oder Spätfolgen in kurzer Zeit zur Seite gewischt wurden. Die Erfolgsgeschichte der Pille als meistverkauftes und selbstverständlichstes Produkt der Medizingeschichte ist wohl nur noch vergleichbar mit dem »harmlosen« Aspirin, das mittlerweile auch gegen so ziemlich alle Beschwerden helfen soll. Da die Last der Verhütung heute wie damals jedoch in erster Linie Frauensache ist, war der Ruf nach der Antibabypille mehr als verständlich. Und auch viele Frauen mit unerträglichen klimakterischen Beschwerden waren angesichts der hormonellen Wundermittel dankbar, davon erlöst zu werden.

An dieser Stelle möchte ich betonen, dass es mir nicht darum geht, sexuelle oder auch andere Freiheiten der Frau anzutasten, sondern im Gegenteil zu stärken. Ich sehe meine Aufgabe vor allem darin, für ihre Gesundheit zu kämpfen. Ich setze an die moderne Medizin keine anderen Kriterien zur Beurteilung eines Medikamentes an als ihre eigenen, die wissenschaftliche Studie und Empirie (Erfahrung). Und nach den neuesten wissenschaftlichen Untersuchungen sind es gerade die Hormone, die mehr und mehr in Verruf kommen.

Ayurveda – der ganzheitliche Weg

Ganz anders dagegen versucht man im Ayurveda mit Krankheiten umzugehen. Man mag die Betrachtungen einer über 5000 Jahre alten Philosophie als antiquiert und überholt betrachten, wenn man sich jedoch eingehender damit beschäftigt, stellt man bald fest, dass Ayurveda eine der tiefsten und zeitlosesten Wahrheiten über das Leben unseres Planeten offenbart. Ayurveda ist nicht nur eine ganzheitliche Medizin; es ist eine Wissenschaft und eine Weltanschauung über das Leben an sich. Ein ayurvedischer Arzt ist in vielen Bereichen des Lebens ausgebildet. Er ist Arzt, Kräuterkundler, Wissenschaftler, Philosoph, Lebensberater, Astrologe, Yoga-Lehrer und spiritueller Mensch.
Auch ein Patient, der sich in eine ayurvedische Behandlung begibt, erfährt sehr schnell, dass die Heilung sich nicht nur auf den körperlichen Bereich konzentriert, sondern immer auf allen Ebenen des Menschen stattfinden muss. Gewohnheiten, die ihn krank gemacht haben, müssen umgestellt werden. Falsche Nahrung, die er zu sich genommen hat, muss weggelassen werden. Negative Gedanken und Emotionen müssen bewusst gemacht und umgewandelt werden. So verändert der ayurvedische Heilweg nicht nur die Biochemie des Körpers, sondern mit der Zeit den gesamten Menschen und wenn nötig auch sein (krank machendes) Umfeld.
Auch die Gesellschaft und hier im Speziellen die Familie haben einen entscheidenden Einfluss auf Gesundheit und Krankheit. Auch die Bedeutsamkeit dieses Bereiches wurde im Ayurveda schon immer betont.
An der Psyche des Menschen hat sich in den vergangenen 5000 Jahren so gut wie nichts verändert. Schon damals wusste man, dass der Mensch ein Beziehungswesen ist und ohne soziale Bindungen emotional verkümmert. Zwar versuchen wir ständig, in Beziehung mit unserer Umwelt zu leben, aber durch die oft zerrütteten Familienverhältnisse lernen wir nicht mehr, eine gesunde Beziehung zu führen.

Dharma – das rechtschaffene Verhalten

In der alten vedischen Gesellschaft war es undenkbar, die Regeln des sozialen Miteinanders zu missachten. Der Veda gab dem Menschen eine Richtschnur, um ihm ein gesundes und glückliches Leben zu ermöglichen. Dharma weist einem Menschen seine Rolle innerhalb seiner Umwelt und seiner Strukturen zu. Nach welchen Richtlinien beispielsweise Vater und Mutter die Familie zu leiten und die Kinder zu erziehen haben. Oder mit welcher Geisteshaltung ein Herrscher sein Volk zu regieren hat, ohne es auszubeuten oder seine Macht zu missbrauchen. Aber auch wie ein Lehrer seinen Schüler auf seinen Beruf und sein bevorstehendes Leben vorzubereiten hat. Alle Bereiche des Sozialwesens wurden so auf eine ethische Grundlage gestellt, die die Basis für ein geregeltes Miteinander war. Kriminalität, Betrügereien, Skrupellosigkeit, körperlicher oder psychischer Missbrauch widersprachen dieser Gesinnung und waren kaum bekannt. Die moralisch-ethischen Prinzipien der Veden gehören zu einem der umfassendsten und höchstentwickelten Verhaltenskodices, die jemals erschaffen wurden. Er bildete später die ethische Grundlage für andere Kulturen, beispielsweise der alten griechischen Hochkultur.

Dharma ist ursprünglich der Begriff für das göttliche Weltengesetz, das für jedes Lebewesen im Universum gilt. Für den vedischen Menschen beinhaltet Dharma einen ganzen Katalog von moralischen und ethischen Prinzipien, nach denen er zu leben hatte, vergleichbar mit den alttestamentarischen Ritualen und Geboten der Juden.

Dharma regelt aber nicht nur das soziale Miteinander, sondern auch wie der Einzelne seinen individuellen Lebensweg so gestaltet, dass er sein Lebensziel, die spirituelle Befreiung, erreichen kann. Jedes menschliche Leben von der Geburt bis zum Tod ist eine Kette von Abschnitten von einer Entwicklungsphase in die nächste. Die frühen Phasen wie die Geburt, der erste Zahn, die ersten Schritte und Worte, Kindergarten, Einschulung, Pubertät mögen zwar in zeitlich schnelleren Abschnitten vonstatten gehen, aber auch im Erwachsenendasein oder im Alter finden immer wieder Lebenswechsel statt, die laut dem Ayurveda mit entsprechenden Ritualen und Feierlichkeiten anerkannt und begrüßt werden sollten. Das Alte wird abgeschlossen und verabschiedet, sodass das Neue willkommen geheißen werden kann.
Rituale und Zeremonien sind daher ein unverzichtbarer Bestandteil des Menschenlebens. Sie führen den jungen Menschen schrittweise durch die einschneidenden Veränderungen seiner körperlichen und geistigen Entwicklung,

die ein großes Konfliktpotenzial enthält, und geleitet ihn im Idealfall sicher in sein Erwachsenendasein. Junge Erwachsene entwickeln dadurch ein anderes Selbstverständnis und ein anderes Selbstbewusstsein. Sie verstehen besser, was Familie und Gesellschaft von ihnen erwarten. Man mag dieses System starr und unfrei finden, aber aus ayurvedischer Sicht ist es für einen Menschen unerlässlich, seinen Platz in der Gesellschaft zu finden, von dem aus er sein Leben aufbaut und lebt.

So wie der Mensch braucht jedes Lebewesen im Universum seine ihm zugeordnete Position innerhalb seiner Umwelt. Es muss wissen, wohin es gehört, mit welchen Artgenossen es wie interagiert und in welchem sozialen Rahmen es sich bewegen kann. Verliert ein Lebewesen seine Zugehörigkeit, ist es ein Ausgestoßener, der heimat- und schutzlos umherirrt. Der wichtigste Bezugsrahmen für einen Menschen ist die Familie. Auch heute noch gilt es in Indien als schlimmste Strafe, von seiner Familie verstoßen zu werden.

Die Frau als Hüterin der Familie spielt dabei die entscheidende Rolle im Ayurveda. Der Mann mag zwar nach außen hin als Oberhaupt dastehen, in Wirklichkeit ist es jedoch die Frau, die in allen wesentlichen Entscheidungen der Familie das Sagen hat. Sie gebärt, versorgt und erzieht den Nachwuchs und hält mit ihrer integrativen Kraft die Familie zusammen. Frauen haben alle guten Dinge in sich vereint und strahlen aus sich selbst heraus, währenddessen der Mann auf die Unterstützung einer Frau angewiesen ist. Oder wie der große ayurvedische Autor Caraka sinngemäß sagt: es ist für jeden Mann von unschätzbarem Wert, eine Frau zu finden, die gemäß seines Charakters und seines Karmas zu ihm passt, weil er sich dadurch in eine glanzvolle Erscheinung verwandeln und seine guten Eigenschaften entwickeln kann.

Die vedische Gesellschaft stellte im Gegensatz zu unserer modernen Demokratie die Gemeinschaft in den Vordergrund, weniger das Individuum. Die persönliche Befriedigung des Egos durch Erfolg, Ruhm oder Macht führt den Menschen fort vom eigentlichen Lebenszweck. Im letzten Lebensabschnitt, nachdem alle weltlichen Ziele und Pflichten erfüllt sind, sollte der Mensch reif genug sein, die geistigen Früchte seines Lebens zu ernten. Die spirituelle Befreiung (Moksha) hat zum Ziel, dass der ewige Kreislauf von Wiedergeburt und Karma ein Ende hat und die individuelle Seele wieder dorthin zurückkehrt, wo sie einstmals herkam, zum allumfassenden Weltenschöpfer.

Wie sehr die funktionierende Familie die Gesundheit der Menschen ein Leben lang beeinflusst, wird anhand neuer Studien eindrucksvoll bestätigt: Der amerikanische Herzspezialist Dean Ornish fand heraus, dass diejenigen, die eine liebevolle Beziehung zu beiden Elternteilen hatten, 35 Jahre später nur halb so häufig an Bluthochdruck, Zwölffingerdarmgeschwüren und Alkoholismus erkrankt waren.

Kapitel I: Grundlagen des Ayurveda

Die Entstehung von Leben

Das Leben ist aus vedischer Sicht nicht das Produkt eines Zufalls, sondern das Resultat eines göttlichen Bauplans. Unser gesamtes Universum basiert auf immer den gleichen Grundbausteinen und unterliegt an jedem Ort den gleichen ewigen Gesetzmäßigkeiten. Und trotz aller wissenschaftlichen Anstrengungen ist das Leben ein Mysterium für uns geblieben. Der Mensch hat bis heute weder die materiellen noch die geistigen Ursachen über das Wie und Warum der Entstehung und Vergänglichkeit des Lebens gefunden. Der Unterschied zwischen einem Menschen unmittelbar vor und nach seinem Tod soll ziemlich genau 21 Gramm betragen. Obwohl sich in dieser Sekunde des Ablebens materiell praktisch nichts verändert hat, kann man diese plötzliche Gewichtsabnahme messbar feststellen. Sollte der Beweis unserer Lebensessenz oder gar unserer Seele, die in diesem Augenblick den Körper verlässt, in diesen 21 Gramm liegen?[12]

»Am Anfang war das Selbst, welches die Wasser schuf, dann schuf es den ersten Menschen. Aus ihm entstand Mund, Rede, Nase, Geruch, Auge, Ohr, Herz, Geist, Nabel, Fortpflanzungsorgan, Glieder, Sinnesorgane, Vayu, die Adityas, Mond und Tod, die Wasser und der Mensch. Das Feuer, Agni, kam in den Menschen durch die Rede. Die Luft, Vayu, kam in den Menschen durch den Atem. Die Sonne, Aditya, kam in den Menschen in der Form des Auges. Die Himmelsgegenden, Dis, kamen in den Menschen in Form des Ohres, der Mond in Form des Geistes und schließlich betrat das höchste Selbst den Menschen.«[11]

In den vedischen Schriften werden die Grundlagen des Lebens eingehend erörtert. Demnach manifestiert sich das göttliche Bewusstsein dadurch, dass sich die beiden gegensätzlichen Energien Prakriti und Purusha miteinander vereinigen. Prakriti wird dabei der aktiven, weiblichen Energie und Purusha der passiven, männlichen Energie gleichgesetzt. Beide Energien sind in jedem Menschen vorhanden. Purusha ist der feinstoffliche Same, der sich mit der weiblichen Schöpfungskraft Prakriti verbindet, um Leben hervorzubringen. Während Purusha als reines, passives Bewusstsein kein materieller Teil der Schöpfung ist, wird die Schöpfung aus dem Schoß der weiblichen Natur Prakriti geboren. Sie ist die Mutter allen Lebens, die durch die liebevolle Vereinigung mit Purusha immer wieder neues Leben entstehen lässt.

»Die Seele wird nicht geboren und stirbt auch nicht. Sie ist auch kein Ding, das nur ein einziges Mal ins Sein eintritt und, wenn sie abgeschieden ist, nie mehr ins Sein kommen wird. Die Seele ist ungeboren, uralt, immer dauernd. Sie wird nicht erschlagen, wenn der Körper erschlagen wird.«[13]

Im Augenblick der Verschmelzung von Spermium und Eizelle, tritt die göttliche Seele (Atman) zusammen mit dem Geist des Individuums in das ungeborene Wesen ein. Noch bevor sich aus der befruchteten Eizelle immer weitere Zellen bilden, manifestiert sich die göttliche Intelligenz (Buddhi) darin. Nur durch Buddhi »weiß« die Eizelle, was sie in den nächsten neun Monaten alles tun muss, um zu einem fertigen Kind heranzuwachsen. Unmittelbar danach entwickelt sich auch schon das persönliche Ich (Ahamkara). Mit Ahamkara entsteht unsere Ich-Werdung, der Teil unseres Bewusstseins, aus dem heraus wir denken und handeln. Welche Persönlichkeit unser Ich annimmt, hängt wiederum von den drei universellen Gunas Sattva, Rajas und Tamas ab.

Sattva ist Reinheit, Intelligenz, Bewusstheit, Freude und Spiritualität.
Rajas ist Leidenschaft, Bewegung, Motivation und nach außen gerichtet.
Tamas ist Dunkelheit, Trägheit, Unbewusstheit, Schwere und ohne Richtung.

Die drei Gunas bestimmen und beeinflussen die mentalen Eigenheiten eines jeden Lebewesens. Ob jemand unruhig oder träge ist oder ob er wahrhaftig oder heuchlerisch ist, hängt beispielsweise von diesen drei Wesenszügen ab. Aber auch die individuelle Zusammensetzung von Sattva, Rajas und Tamas ist keineswegs Zufall, sondern das Resultat all der Taten, die ein Lebewesen aus seinen Vorleben mitgebracht hat. Es ist somit auch ein gerechtes System, denn jeder muss mit den Kapazitäten und Fähigkeiten leben, die er sich in seinem letzten Leben erworben hat.
Als letzte und dichteste Manifestation entstehen die fünf Elemente Erde, Wasser, Feuer, Luft und Raum.

Die fünf Bausteine des Lebens

Die gesamte Schöpfung ist mit immer den gleichen fünf Grundbausteinen, den Elementen, aufgebaut. Je nachdem wie sich die fünf Elemente mischen, entwickelt sich daraus eine Pflanze, ein Tier oder ein Mensch. Aber auch im menschlichen Körper selbst, sind die fünf Elemente in unterschiedlichen Quantitäten vorhanden. In den Knochen beispielsweise befinden sich vornehmlich Eigenschaften der Elemente Raum und Erde, in den Nerven vor allem Eigenschaften des Elements Luft und in der Leber Eigenschaften des Elements Feuer. Die Welt um uns herum ist ein exaktes Abbild der Welt in uns: Makrokosmos gleich Mikrokosmos.
Wir können die Elemente mit unseren fünf Sinnesorganen wahrnehmen. Daher ist jedes Sinnesorgan auch einem Element zugeordnet.

Element	Eigenschaften	Sinnesorgan	Gewebe	Prinzipien
Raum (Akasha)	Leer, durchdringend, umfassend	Ohr; hören	Knochen, Gefäße	Ausdehnung, Klang
Luft (Vayu)	Leicht, trocken, kalt, beweglich, labil	Haut; tasten	Nerven, Gehirn, Dickdarm	Bewegung, Motivation
Feuer (Agni)	Heiß, leicht, scharf, schneidend, farbig	Auge; sehen	Dünndarm, Leber, Blut	Wärme, Stoffwechsel
Wasser (Jala)	Schwer, feucht, ölend, kalt	Zunge; schmecken	Fett, Knochenmark	Feuchtigkeit, Ernährung
Erde (Prithvi)	Schwer, trocken, stabil, fest	Nase; riechen	Muskeln, Knochen	Stabilität, Struktur

Die 20 Eigenschaften des Lebens (Gunas)

Jede grob- und feinstoffliche Materie im Universum ist definiert durch seine Eigenschaften (Gunas) und die daraus resultierenden Wirkungen (Karma). Dabei spielt es keine Rolle, ob diese materielle Erscheinung ein Nahrungsmittel, eine Heilpflanze, ein klimatischer Reiz, eine spezielle Tages- oder Jahreszeit oder eine spezifische Tätigkeit ist, da alles Körper und Bewusstsein beeinflusst.
Genauso ist unser Organismus die ganze Zeit mit irgendwelchen Aktionen und Reaktionen beschäftigt. Nicht eine Sekunde unseres Lebens vergeht,

ohne dass Gedanken durch unseren Geist ziehen oder unzählige Stoffwechselvorgänge in unserem Körper stattfinden.

»Denn niemand ist auch nur für einen Augenblick in Untätigkeit. Jeder ist so geschaffen, dass er Handlungen ausübt, unter dem Zwang der Seinsbestimmungen (Sattva, Rajas und Tamas), die aus Prakriti geboren sind.«[14]

Diese ständigen Einflüsse von außen und von innen führen zu einer permanenten Bedrohung unserer inneren Harmonie. Der menschliche Körper versucht ständig, in seinem natürlichen Gleichgewicht zu bleiben und diese Einflüsse auszubalancieren.

1. Wenn Sie öfter gleiche oder ähnliche Gunas zu sich nehmen, häufen Sie diese Eigenschaften in sich an.
2. Wenn Sie gegensätzliche Gunas zu sich nehmen, gleichen Sie deren Eigenschaften wieder aus.

Der Organismus versucht ständig sein natürliches Gleichgewicht wiederzuerlangen. Seien Sie daher immer um einen Ausgleich bemüht und bringen Sie Ihren Organismus nicht mit allzu vielen ähnlichen Substanzen und Tätigkeiten aus der Balance.

Wenn wir uns jedoch immer einseitig den gleichen oder ähnlichen Reizen aussetzen, sammeln wir deren Eigenschaften (Gunas) in unserem Organismus an. Die Folge ist Disharmonie und somit die Vorstufe von Erkrankungen und Störungen. Wenn man gesund bleiben will, sollte man sein Leben ausgleichend und nicht einseitig leben.
Hierzu einige Beispiele: Kaffee hat die Gunas scharf, irritierend und erhitzend. Wenn Sie jeden Tag mehrere Tassen Kaffee trinken, häufen Sie diese Gunas in sich an und bringen Ihre innere Balance aus dem Gleichgewicht. Die Folge davon können Beschwerden sein wie Sodbrennen, Magenschleimhautreizungen (Gastritis) und Unruhezustände.

Milch sollte niemals kalt, sondern immer warm getrunken werden.

Kalte Milch hat die Gunas schleimig, schwer, feucht, kalt. Wenn Sie häufig kalte Milch trinken, können diese Gunas Beschwerden wie Schnupfen, Bronchitis und Übergewicht erzeugen.
Alter Käse hat die Gunas scharf, schwer, irritierend und führt schnell zu Rei-

zungen und Entzündungen im Verdauungstrakt, im Körpergewebe und in den Gelenken. Vor dem Verzehr von altem Käse (Bergkäse, Schimmelkäse) wird daher aus ayurvedischer Sicht abgeraten.

Der Ayurveda beschreibt 20 universelle Gunas:

Gunas	Vorherrschende Elemente	Wirkungen auf Körper und Geist	Beispiele
Schwer (Guru)	Erde und Wasser	Macht müde, stärkend, gewichtserhöhend, verdauungshemmend	Ölige, kalte, süße Nahrung, viel Schlaf, Bewegungsmangel, feucht-kaltes Klima
Leicht (Laghu)	Feuer, Luft und Raum	Macht wach, unruhig, gewichtsreduzierend, verdauungsfördernd	Trockene, warme, scharfe und bittere Nahrung, wenig Schlaf, viel Sport und Bewegung
Ölig (Snigdha)	Wasser	Ölt die Körpergewebe, kräftigend, beruhigend, verjüngend, wirksam gegen körperlichen Verschleiß	Milchprodukte, süße Nahrung, Fleisch, Öle, Nüsse und feuchtes Klima
Trocken (Ruksa)	Erde, Feuer und Luft	Trocknet die Körper-, gewebe baut Gewebe ab, gewichtsreduzierend, fördert die Alterung	Rohkost, Toastbrot, bittere und scharfe Nahrung, windiges Klima, Herbst und Nachmittag
Kalt (Sita)	Wasser	Aufbauend, beruhigend bei akuten Entzündungen, lindert brennende Beschwerden, verdauungshemmend	Rohkost, kalte, bittere, zusammenziehende und süße Nahrung, windiges und kaltes Klima, Winter
Heiß (Usna)	Feuer	Erwärmt und erhöht die Durchblutung, sehr verdauungsfördernd	Heiße, saure, salzige und scharfe Nahrung, Alkohol, Sonne, Hitze
Langsam, stumpf (Manda)	Erde und Wasser	Schafft Trägheit, Entspannung	Milchprodukte, Bananen, Pudding, Süßigkeiten

Gunas	Vorherrschende Elemente	Wirkungen auf Körper und Geist	Beispiele
Schnell, spitz, irritierend (Tiksna)	Feuer	Irritiert das Gewebe, führt zu Reaktionen im Körper	Alter Honig, alter Käse, Knoblauch, Chili, säurehaltige Nahrung
Hart (Kathina)	Erde	Stabilisierend, stützend, festigend	Rohkost, Nüsse, Knochen
Weich (Mrudu)	Wasser	Erweichend, entspannend	Milch, Joghurt, Quark, Eis, Bananen

Die ersten zehn Gunas sind die wichtigsten und spielen die größte Rolle bei der Beurteilung von Substanzen. Daher konzentrieren sich die Beispiele nur auf sie. Doch der Vollständigkeit halber sind nachfolgend die zehn weiteren Gunas genannt.

Stabil, unbeweglich (Sthira)	Erde
Beweglich, instabil (Sara)	Luft und Wasser
Trüb, schleimig (Picchila)	Wasser
Klar (Visada)	Erde, Feuer, Luft und Raum
Zart, geschmeidig (Slaksna)	Erde und Wasser
Rau (Khara)	Luft
Zäh, viskös (Sandra)	Erde
Flüssig (Drava)	Wasser
Grob, klumpig (Sthula)	Erde
Fein (Sookshma)	Feuer, Luft und Raum

Die drei Bioenergien des Lebens: Vata, Pitta und Kapha

Aus den fünf Elementen entwickeln sich die drei Bioenergien (Tri-Doshas) Vata, Pitta und Kapha. Wenn die fünf Elemente das materielle Substrat der Schöpfung bilden, so kann man sagen, Vata, Pitta und Kapha bewirken die energetische Grundlage unseres Stoffwechsels. Die Tri-Doshas sind materiell zwar nicht nachweisbar, man kann aber anhand ihrer Auswirkungen Störungen feststellen und behandeln.

Vata-Dosha

Merkmale von Vata-Dosha sind
- leicht,
- trocken,
- beweglich, unruhig,
- wechselhaft,
- kalt und
- bitter.

Substanzen mit einem oder mehreren der obigen Gunas erhöhen Vata-Dosha.

Vata-Dosha entspricht der Kraft des Windes. Es ist das mächtigste der Tri-Doshas, da es für alle Bewegungen zuständig und so im gesamten Körper aktiv ist. Ohne Vata würde nichts im Körper funktionieren. Das Herz würde nicht schlagen, der Blutkreislauf würde zum Stehen kommen, die Nährstoffe könnten nicht zu den Zellen und die Abfallstoffe nicht aus den Zellen transportiert werden. Vata-Dosha hat seinen Sitz im Enddarm und ist in den Nerven, der Haut und den Knochen stark vertreten. Vata-Dosha ist aber auch an der Entstehung aller Krankheiten im Körper beteiligt, da sie sich nur durch seine Mithilfe ausbreiten können.
Im mentalen Bereich erzeugt ein gesundes Vata-Dosha Enthusiasmus, Motivation und Freude.

Pitta-Dosha

Merkmale von Pitta-Dosha sind
- heiß,
- scharf, schneidend,
- leicht,
- ölig und
- sauer.

Substanzen mit einem oder mehreren der obigen Gunas erhöhen Pitta-Dosha.

Pitta-Dosha ist die Kraft des Feuers. Es ist die zentrale Steuerung für den gesamten Stoffwechsel unseres Organismus. Pitta-Dosha reguliert alle Ver-

dauungsabschnitte und sorgt dafür, dass wir aus der Nahrung Energie und Wärme entstehen lassen können. Sein Sitz ist der Dünndarm, aber auch im Blut und in der Leber ist es stark vorhanden.
Auf mentaler Ebene führt ein gesundes Pitta-Dosha zu Klarheit, Intelligenz und Bewusstheit.

Kapha-Dosha

Merkmale von Kapha-Dosha sind
- feucht,
- kalt,
- schwer,
- stabil, fest,
- langsam und
- süß.

Substanzen mit einem oder mehreren der obigen Gunas erhöhen Kapha-Dosha.

Kapha-Dosha ist die Kraft des Wassers. Seine Funktion ist die Ernährung und Versorgung des Organismus. Mit seinem kühlenden und beruhigenden Einfluss sorgt es für Wachstum, Kraft und Ausdauer. Mit seiner Feuchtigkeit schützt es den Körper vor Austrocknung und vorzeitiger Alterung und Abnützung. Kapha-Dosha sitzt vornehmlich im Magen, in der Brust, im Kopfbereich und in den Gelenken.
Auf mentaler Ebene bewirkt ein gesundes Kapha-Dosha Humor, Freude und Ausgeglichenheit

Grundelemente	Dosha	Eigenschaften	Funktion
Wasser	Kapha	schwer, fest	Aufbauen
		feucht, kalt	Kühlen
Erde		langsam, träge	Verbinden
Feuer	Pitta	leicht	Verdauen
		ölig, heiß	Wärmen
		scharf, intensiv	Umwandeln
Luft	Vata	sehr leicht, kalt	Bewegen
		trocken,	Transportieren
Raum		instabil,	Ausscheiden
		beweglich	

Die Bedeutung von Vata, Pitta und Kapha für Gesundheit und Krankheit

Bei jedem Menschen besteht von Geburt an eine individuelle Mischung von Kapha, Pitta und Vata. Diesen Zustand nennt man Konstitution. Ein dauerhaftes Ansteigen nur eines der drei Grundkräfte führt zu Störungen und Krankheiten.

Jedes Individuum zeichnet sich von Geburt an durch eine ganz persönliche Mischung der Tri-Doshas aus. Diese angeborene Grundmischung ist Teil der Konstitution eines Menschen und bleibt ein Leben lang gleich. Die aktuelle Aktivität der Tri-Doshas verändert sich jedoch ständig – je nachdem, was Sie gegessen oder getrunken haben, was Sie denken oder fühlen, wie lange Sie schlafen, wie das Klima gerade ist, ob Sie Stress haben oder meditieren. Es gibt nichts, was Sie tun können, ohne dass zumindest eines der drei Doshas darauf reagiert. Es herrscht also ein ständiges Ansteigen oder Absinken der Tri-Doshas. Dies ist auch wichtig und notwendig, damit der Organismus auf die Reize seiner Umwelt reagieren kann.

Krankheiten entstehen durch erhöhte Doshas, nicht durch zu niedrige. Ein erhöhtes Dosha sammelt sich im Körper an, breitet sich aus und schädigt gesundes Körpergewebe. Daher werden normalerweise nur erhöhte Doshas behandelt.

Probleme tauchen dann auf, wenn durch falsche Lebensweise und Gewohnheiten die angeborene Grundmischung der Tri-Doshas auf Dauer verändert wird. Bei anhaltender Missachtung ausgleichender Maßnahmen kann das zu einer nachhaltigen Störung des Organismus führen. Denn es ist das Ziel einer gesunden Lebensweise, erhöhte Energien auszugleichen, damit der Körper immer wieder in sein Gleichgewicht zurückfindet.

So erkennen Sie ein erhöhtes Vata-Dosha

Vata-Dosha erhöht sich durch
- Angst, Schreck, Schock, Sorgen, Kummer, psychische Belastung,
- Sport, Fasten, Schichtarbeit und das Arbeiten in kalten, trockenen oder klimatisierten Räumen, unregelmäßige Lebensweise, Schlafmangel,
- scharfe, bittere und herbe Speisen und kalte, trockene und tiefgekühlte Nahrung.

Auf körperlicher Ebene zeigt sich ein erhöhtes Vata-Dosha durch: Frieren, Schlaflosigkeit, Energiemangel und Schwäche, Unruhe, Verstopfung, Schwindel, Zittern, Schmerzzustände aller Art (außer brennenden Beschwerden), Verstopfung, Trockenheit und Alterung der Haut, Gewichtsverlust, hartnäckige, chronische Beschwerden, erhöhte Empfindlichkeit gegenüber Wind, Kälte, Trockenheit und Klimawechsel.
Auf mentaler Ebene zeigt sich ein erhöhtes Vata-Dosha durch: Ängste, Unsicherheit, Nervosität, Depressionen und andere geistige Störungen.

So beruhigen Sie Vata-Dosha

- Achten Sie auf einen geregelten Tag-Nacht-Rhythmus.
- Gönnen Sie sich tagsüber Erholungspausen.
- Gehen Sie vor 22.00 Uhr ins Bett und schlafen Sie mindestens sieben bis acht Stunden.
- Halten Sie sich an eine Vata-beruhigende Ernährung und essen Sie gut gewürzte, warme und kräftige Nahrung, besonders Milchprodukte.
- Meiden Sie kalte, trockene, windige und klimatisierte Orte.
- Entspannen Sie mit Yoga und Meditation
- Verwöhnen Sie sich mit Ölmassagen (mit Sesam- oder Mandelöl).

Phasen, in denen Vata-Dosha besonders aktiv ist:
2.00 bis 6.00 Uhr
14.00 bis 18.00 Uhr
Herbst und Winter

So erkennen Sie ein erhöhtes Pitta-Dosha

Pitta-Dosha erhöht sich durch
- negative Gefühle wie Wut, Zorn, Hass, Eifersucht, Neid, beruflichen Stress, Sport, Sauna, Sonnenbaden,
- Nachtarbeit und Arbeiten in der Nähe von Feuer, Öfen, Chemikalien
- saure, salzige, scharfe und heiße Speisen, Alkohol- und Zigarettenkonsum.

Auf körperlicher Ebene zeigt sich ein erhöhtes Pitta-Dosha durch: Verlangen nach kalter Luft, Hitze-Unverträglichkeit, vermehrtes Schwitzen, fettige Haut, häufiges Hunger- und Durstgefühl, brennende Beschwerden, Sodbrennen, Durchfälle, Hautausschläge, Lippenherpes, Fieber, Ergrauen oder Ausfall der Haare, Brennen beim Wasserlassen, Entzündungen, Gelbfärbung von Augen, Haut, Stuhl und Urin.
Auf mentaler Ebene zeigt sich ein erhöhtes Pitta -Dosha durch: Gereiztheit, Wutanfälle, Zorn, Neid, Eifersucht, übergroßer Ehrgeiz, Pedanterie, Fanatismus, Kritik- und Ordnungssucht.

So beruhigen Sie Pitta-Dosha

- Arbeiten Sie nicht zu lange, gehen Sie vor 22.30 Uhr ins Bett.
- Essen Sie nicht öfter als viermal am Tag.
- Halten Sie eine Pitta-beruhigende Ernährung ein: essen Sie vorwiegend süße, kühle, bittere und zusammenziehende Speisen, trinken Sie kühle, aber nicht kalte Getränke (aus dem Kühlschrank oder Eisfach).
- Meiden Sie Hitze, Sauna und Sonnenbäder.
- Powern Sie sich bei sportlichen Aktivitäten nicht aus, gehen Sie lieber schwimmen statt laufen. Trainieren Sie besser morgens oder abends.
- Entspannen Sie, beispielsweise mit Spaziergängen, ruhiger Musik, Kunst, Yoga und Meditation.
- Reiben Sie sich mit Kokos-, Oliven- oder Sandelholzöl ein, zumindest abends Kopf und Füße.

Phasen in denen Pitta-Dosha besonders aktiv ist:
10.00 bis 14.00 Uhr
22.00 bis 02.00 Uhr
Später Frühling und Sommer

So erkennen Sie ein erhöhtes Kapha-Dosha

Kapha-Dosha erhöht sich durch

- Bewegungsmangel, zu viel Schlaf, Gier, zu hoher Alkoholkonsum,
- traurige, schwermütige und nostalgische Gedanken, feuchtkaltes Wetter, Regen, Arbeiten in kaltem und feuchtem Klima,
- süße, saure und salzige Speisen
- kalte, schwere, feuchte und ölige Nahrung.

Auf körperlicher Ebene zeigt sich ein erhöhtes Kapha-Dosha durch: Müdigkeit, Antriebsschwäche, Lethargie, Schweregefühl des Körpers, Gewichtszunahme oder Übergewicht, allgemeine Blässe, Langsamkeit aller Bewegungen, Appetitmangel, träge Verdauung, Übelkeit, Erbrechen, Anschwellen der Gliedmaßen, Verschleimungen wie Schnupfen, Bronchitis, Nebenhöhlenentzündung, feuchtes Asthma, Arterienverkalkung, Diabetes mellitus (Zuckerkrankheit), fettige Degeneration von Organen und Geweben.
Auf mentaler Ebene zeigt sich ein erhöhtes Kapha-Dosha durch: Trägheit, Geiz, Neid, Habsucht, Sentimentalität, Schwermut, Kummer, Depressionen.

So beruhigen Sie Kapha-Dosha

- Achten Sie auf regelmäßige Bewegung und Sport.
- Halten Sie eine Kapha-beruhigende Diät: Essen Sie warme, trockene, scharfe, bittere oder zusammenziehende Speisen. Trinken Sie wenig, und wenn, dann heiße Getränke, niemals kalte.
- Schlafen Sie nicht tagsüber oder nach dem Essen.
- Sechs bis sieben Stunden Schlaf reichen!
- Reiben Sie sich mit Sonnenblumenöl oder Senföl ein und schwitzen Sie danach.
- Bei Übergewicht könnte es besser sein, auf Körperöle zu verzichten und sich stattdessen mit trockenen Pulvermischungen einzureiben, zum Beispiel mit Kichererbsenmehl.
- Entschlacken Sie regelmäßig unter therapeutischer Anleitung und legen Sie öfter einmal Fastentage ein.

Zeiten, in denen Kapha-Dosha besonders aktiv beziehungsweise erhöht ist:
6.00 bis 10.00 Uhr
18.00 bis 22.00 Uhr
Später Winter und Frühling

Die Konstitutionen

Die Konstitution (Prakriti) ist die angeborene Mischung der Tri-Doshas. Solange ein Mensch in seiner Konstitution bleibt, ist er gesund. Ändert sich seine angeborene Tri-Dosha-Mischung dauerhaft, befindet er sich in einem krankhaften Zustand (Vikriti).

Die individuelle angeborene Mischung der Tri-Doshas nennt man Konstitution. Man unterscheidet sieben unterschiedliche Konstitutionstypen: Drei Konstitutionen, in denen jeweils ein Dosha vorherrscht; drei Mischkonstitutionen, in denen zwei Doshas bestimmend sind, und die extrem seltene ausgeglichene Konstitution, in der alle drei Doshas in gleichen Teilen angelegt sind.

Die Vata-Konstitution

Vata-Konstitutionen sind empfindlich gegen:

- Wind, Kälte,
- Klimaanlagen, Trockenheit,
- Wetterwechsel,
- Herbst,
- Geräusche, Gerüche,
- Stress, Hektik,
- unrhythmisches Leben und
- trockene, kalte und bittere Nahrung und Rohkost.

Die körperlichen und geistigen Zeichen:

Diese Menschen neigen eher zu Untergewicht, auch wenn sie viel essen. Sie sind meist sehr schlank mit gut sichtbaren Knochen und Gelenken. Sie haben eher dunkle Haare und Augen. Der Blick ist unstet und ängstlich. Oft sind sie angespannt, unruhig, frieren sehr leicht und sind empfindlich gegen Wind und Kälte. Sie neigen dazu, alles, was sie machen, hektisch anzugehen. Sie haben wenig Ausdauer und Kraft, eine schwache Muskulatur. Meist haben sie trockene, faltige Haut und brüchige Haare.
Diese Menschen sind unruhig, nervös, instabil, wechselhaft, haben viele Ideen, reden gerne und viel, haben eher wenig Selbstbewusstsein, neigen zu Selbstzweifeln, beginnen lieber ein neues Projekt, anstatt das alte zu Ende zu bringen,

lieben Abwechslung, vermeiden Eintönigkeit. Sie begreifen schnell, vergessen es aber ebenso schnell wieder. Sie lieben Reisen, Ausgehen und Esoterik und sind sehr freiheitsliebend.
Sie neigen zu Stimmungsschwankungen und extremen Gefühlen wie Euphorie und Depression. Von Natur aus sind sie eher ängstlich, schnell aufgeregt, unsicher und erschrecken schnell.

Empfehlungen für die Vata-Konstitution:
- Tagesrhythmus einhalten
- Öfter mal entspannen oder Ruhepausen einlegen
- Mindestens sieben bis acht Stunden Schlaf
- Meditation, Yoga
- Warme Nahrung
- Süße, saure und salzige Nahrung
- Milde Gewürze (Fenchel, Ingwer, Kreuzkümmel)
- Kalte, windige und trockene Orte meiden
- Hektik vermeiden, nicht zu viele Dinge gleichzeitig machen
- Körperliche und geistige Überforderung ausschließen

Der gesunde Tagesablauf für Vata-Menschen

Aufstehen	Stehen Sie morgens um etwa 6.00 Uhr auf.
Körperpflege	Ölen Sie sich vor dem Frühstück mit Sesam-, Mandel- oder Olivenöl ein. Zum Duschen empfiehlt sich milde Seife, beispielsweise Mandelölseife.
Fitness	Entspannen Sie mit leichten Yoga- und beruhigenden Atemübungen.
Frühstück	Greifen Sie zu einem kräftigen Frühstück, beispielsweise warme Milch, Frischkäse, Quark, Haferflocken, Nüsse.
Mittagessen	Nehmen Sie Ihr Mittagessen regelmäßig zwischen 12.00 und 13.00 Uhr ein. Es sollte ergiebig und kräftigend sein: warm, wenig Salat und Rohkost; nach dem Mittagessen sollten Sie sich eine kurze Ruhepause gönnen.
Nachmittag	Unruhe und Hektik machen Ihnen jetzt besonders zu schaffen. Wählen Sie ruhige Tätigkeiten zu dieser Tageszeit, ein kleines Schläfchen verschafft Ihnen neue Energie. Anstrengende Termine oder Meetings legen Sie besser auf den Vormittag. Warme Getränke tun Ihnen jetzt gut,

	verzichten Sie jedoch auf Kaffee und Schwarztee; Süßspeisen und Früchte sind empfehlenswert.
Abend	Zum Abendessen bieten sich kräftigende Suppen, Toasts, Frischkäse, warme Milch oder etwas Rotwein an.
Bewegung/Sport	Ziehen Sie entspannende, beruhigende Tätigkeiten vor. Öfter mal abschalten und an etwas Schönes Denken! Als Sportarten empfehlen sich Yoga, Gymnastik und leichte Fitness, die entspannt. Verzichten Sie möglichst auf Ausdauersport und körperliche Verausgabung. Legen Sie öfter einmal Ruhepausen ein und trinken Sie ausreichend. Ein warmes Bad am Abend oder nach körperlicher Bewegung ist empfehlenswert.
Schlafenszeit	Ab 22.00 Uhr sollten Sie Ihrem Körper Ruhe gönnen und etwa acht Stunden für Ihren Schlaf Zeit haben.

Die Pitta-Konstitution

Pitta-Konstitutionen sind empfindlich gegen:

- Hitze, Sonne, Licht, Sommer,
- Chemikalien,
- Stress und
- ölige, heiße, saure, scharfe und salzige Speisen.

Empfehlungen für die Pitta-Konstitution:

- Kühle, frische Atmosphäre
- Schwimmen
- Abschalten vom Berufsalltag
- Kühle Getränke
- Süße, bittere und herbe Nahrung
- Hitze, Sonne, Feuer und saure Nahrung vermeiden
- Beruflichen Stress verringern
- Ehrgeiz und Ziele kontrollieren

Die körperlichen und geistigen Zeichen:

Diese Menschen sind vom Typ eher rötlich mit vielen Sommersprossen und Leberflecken. Die Augen sind oft grün oder mischfarben. Meist haben sie einen stechenden oder ärgerlichen Blick. Sie können Hitze und Sonne eher

schlecht vertragen. Die Muskulatur ist deutlich besser ausgeprägt als bei Vata-Menschen, trotzdem können sie körperliche Arbeit nicht lange verrichten. Gerne treiben sie Wettkampfsport und haben risikoreiche Hobbys. Durch ihren großen Ehrgeiz können sie sich oft über Gebühr verausgaben.
Diese Menschen sind dominant, neigen zu Aggressivität und Wutausbrüchen. Gerne beschäftigen sie sich mit Wissen, Informationen und Nachrichten. Ihr Gedächtnis ist oft sehr scharf, analytisch und logisch. Sie sind leistungs- und wettbewerbsorientiert. Oft setzen sie sich hohe Ziele und versuchen diese auch mit Disziplin zu erfüllen. Sie kritisieren und hinterfragen gerne und neigen auch zu Pedanterie, Machtstreben, Arroganz, Überheblichkeit und wissen vieles oft besser als ihr Gegenüber. Häufig sind sie in Führungspositionen zu finden. Sie arbeiten zu lange und gerne bis spät in die Nacht hinein.

Der gesunde Tagesablauf für Pitta-Menschen

Aufstehen	Stehen Sie morgens um etwa 5.30 Uhr auf.
Körperpflege	Ölen Sie sich drei- bis viermal in der Woche ein. Am Körper mit Sonnenblumen- oder Olivenöl, an Scheitel und Fußsohlen mit Kokosöl. Empfehlenswert für die Körperreinigung ist Neemseife aus Neemextrakt: sie wirkt heilend.
Fitness	Entspannen Sie mit Meditationen und leichten Yogaübungen, die nicht stark erhitzen.
Frühstück	Ihr Frühstück sollte nicht zu leicht, doch auch nicht zu schwer sein. Kühlende Kräutertees, Toast mit Ghee, Frischkäse und Quark sind empfehlenswert. Kaffee sollten Sie möglichst meiden.
Mittagessen	Nehmen Sie die Hauptmahlzeit des Tages zwischen 12.00 und 13.00 Uhr ein. Lassen Sie sich dabei nicht stressen und verzichten Sie während des Essens auf Ablenkungen wie Radio, Fernsehen oder Zeitung. Ihr Mittagessen sollte kühlende Eigenschaften aufweisen: essen Sie viel Gemüse und Salat und trinken Sie bittere, kühle Kräutertees oder Mineralwasser. Meiden Sie scharf gewürzte und saure Nahrung sowie rotes Fleisch und Alkohol. Nach dem Mittagessen sollten Sie kurz entspannen.
Nachmittag	Verwöhnen Sie sich mit kühlenden Getränken, Süßspeisen und Früchten. Muten Sie sich nicht zu viel Stress und Ärger zu. Versuchen Sie, immer wieder kurz vom

	Alltag abzuschalten und zu entspannen, indem Sie beispielsweise kurz innehalten oder sich an etwas Schönem erfreuen.
Abend	Essen Sie vor 19.00 Uhr. Zum Abendessen empfiehlt sich getoastetes Brot mit Ghee, Frischkäse, leichte Suppen und kühlende Getränke. Nehmen Sie keine Arbeit mit nach Hause, sondern entspannen Sie sich.
Bewegung/Sport	Schwimmen und Radfahren entsprechen Ihrem Typ am besten. Verzichten Sie auf Sonne, Hitze und schweißtreibenden Sport, besonders zur Mittagszeit und unmittelbar vor und nach dem Essen. Meiden Sie Saunabesuche und Solarien.
Schlafenszeit	Ab 22.30 Uhr sollte Ihre Nachtruhe beginnen. Empfehlenswert sind sieben Stunden Schlaf.

Die Kapha-Konstitution

Kapha-Konstitutionen sind empfindlich gegen:

- Feuchtigkeit,
- feuchte Kälte,
- Nebel,
- Winter und Frühling und
- feuchte, schwere und süße Nahrung.

Die körperlichen und geistigen Zeichen:

Diese Menschen neigen zu Übergewicht, auch wenn sie nicht viel essen. Sie sind meist helle Typen mit heller Haut und blauen, oft großen, feuchten Augen und einem weichen Blick. Sie sind massig gebaut, kräftig und oft untersetzt. Sie frieren leicht, lieben Sonne, Wärme und Trockenheit. Meist bewegen sie sich langsam und bedächtig, sind dafür jedoch ausdauernd und kräftig.
Diese Menschen sind eher langsam und gemütlich. Sie neigen zu Faulheit und Trägheit. Gerne beschäftigen sie sich mit vergangenen Dingen, hängen an alten Sachen fest. Sie hören gerne zu und sind neuen Dingen und Fremden gegenüber eher zurückhaltend. Sie denken traditionell, konservativ und brauchen mehr Zeit, um Dinge zu begreifen – vergessen sie aber kaum wieder. Sie lieben Routine und Sicherheit. Alles sollte am besten so bleiben, wie es ist

und wie es immer schon war. Sie sind gesellig, humorvoll und lieben schöne Dinge und die Natur. Gerne sammeln und häufen sie Gegenstände und Erinnerungen an. Sie neigen zu schwermütiger Stimmung, Traurigkeit, Selbstmitleid und Sentimentalität.

Empfehlungen für die Kapha-Konstitution:

- Sport, Bewegung
- Warme, leichte Nahrung
- Scharfe, bittere und herbe Nahrung
- Süßes und schweres Essen meiden
- Kalte und feuchte Orte meiden
- Nicht zu lange oder tagsüber schlafen
- Loslassen von alten Dingen, Erinnerungen und Vergangenem

Der gesunde Tagesablauf für Kapha-Menschen

Aufstehen	Stehen Sie spätestens eine Stunde vor Beginn der Kapha-Phase auf, also um 5.00 Uhr.
Körperpflege	Führen Sie regelmäßig morgendliche Nasenspülungen durch oder benutzen Sie ayurvedische Nasenöle. Einölen normalerweise eher selten mit Sonnenblumen-, Mais- oder Senföl. Nach dem Duschen oder Baden (vorzugsweise mit Neemseife) am besten mit Kichererbsenmehl abreiben. Geben Sie zu einer Hand voll Kichererbsenmehl ein paar Tropfen Wasser, bis alles zu einer Paste wird. Dann reiben Sie sich damit am ganzen Körper ein und spülen es unter der Dusche wieder ab.
Fitness	Kräftigende Yoga- und Atemübungen, Gymnastik, Walking oder Jogging vor dem Frühstück bringen Sie in Schwung und verhelfen Ihnen zu einem erfrischenden Start in den Tag. Grundsätzlich sollten Sie ein anstrengenderes Yoga- oder Bewegungsprogramm wählen.
Frühstück	Zum Frühstück nur leichte Kost zu sich nehmen, z.B. erhitzende Kräutertees (Ingwertee, grünen Tee), etwas Knäckebrot mit Honig. Vermeiden Sie kalte und süße Getränke am Morgen. Wenn Sie am Abend vorher spät gegessen haben, verzichten Sie auf das Frühstück und trinken Sie zur Entgiftung etwas heißes Ingwerwasser.

Mittagessen	Zu Mittag ist ein leichtes, warmes Essen mit wenig Fleisch und viel Gemüse zu empfehlen; dazu heißes Wasser. Nach dem Mittagessen sollten Sie einen kleinen Spaziergang unternehmen.
Nachmittag	Nachmittags sollten Sie wenig trinken und nichts essen.
Abend	Essen Sie abends nicht nach 19.00 Uhr und zu schwer; nehmen Sie z.B. Knäckebrot mit Honig oder einen vegetarischen Brotaufstrich zu sich. Je weniger Sie Ihrer Verdauung an Arbeit für die Nacht hinterlassen, umso besser werden Sie sich am nächsten Morgen fühlen. Finger weg von spätabendlichen Knabbereien und Naschereien!
Bewegung/Sport	Alle Sportarten außer Schwimmen und Krafttraining tun Ihnen gut, um Ihren Kreislauf anzuregen – abends zu joggen ist für Sie ideal.
Schlafenszeit	Um 23.00 Uhr sollten Sie sich schlafen legen. Sechs Stunden Schlaf müssten für Sie grundsätzlich ausreichen.

Die Mischkonstitutionen

Bei jedem Menschen sind zwar immer alle drei Doshas vorhanden, aber eines oder sogar zwei davon sind von Natur aus dominant. Bei den Mischkonstitutionen sind immer zwei Doshas vorherrschend. Wenn Sie sich bei den oben beschriebenen Konstitutionsbildern nicht eindeutig für eine Konstitution entscheiden konnten, sind Sie entweder eine Mischkonstitution aus Vata und Kapha, aus Vata und Pitta oder aus Pitta und Kapha.

Anhand der vorherigen Beschreibungen und der Konstitutionstabelle können Sie Ihre persönliche Konstitution genauer bestimmen. Die Spalte, in der die meisten Merkmale mit Ihren Eigenschaften übereinstimmen, entspricht am ehesten Ihrem Konstitutionstyp. Doch Vorsicht! Die Ermittlung der Konstitution ist nicht so einfach, wie es auf den ersten Blick erscheinen mag, da viele von uns sich ständig in einem leichten Ungleichgewicht befinden. Sie sollten nicht den Fehler machen, dieses Ergebnis als endgültig zu betrachten. Eine wirklich zuverlässige Bestimmung Ihrer Konstitution kann nur ein geschulter Ayurveda-Therapeut vornehmen, der eine jahrelange Ausbildung hinter sich hat. Für Sie kann die Konstitutionstabelle aber als Orientierungshilfe dienen.

Die Mischkonstitution, in der alle drei Doshas gleich stark vertreten sind, kommt äußerst selten vor. Sie wird beschrieben als eine sehr gesunde und ausgeglichene Konstitution.

Die Konstitutionstabelle

Merkmale	Vata	Pitta	Kapha
Körperbau	Dünn, schwach, schlaksig	Fein bis muskulös	Kräftig, stämmig, Fettpolster
Körpergewicht	Untergewichtig, Schwankungen	Mittelschwer	Übergewichtig, konstant
Haut	Trocken, kalt, rissig, dünn	Warm, feucht, Pigmentierungen	Hell, feucht, kalt, weich, dick
Haare	Wenig, trocken, brüchig, stumpf	Fein, weich, frühes Ergrauen, Glatze	Viel, dick, ölig, lockig
Kopf	Klein, ungleich	Mittel	Groß, quadratisch
Gesicht	Zerfurcht, schief, hohlwangig	Spitz, rötlich	Rund, blass, weiche volle Wangen
Augen	Unruhig, dunkel, klein, trocken	Stechend, grün, rötlich, empfindlich	Groß, freundlich, ruhig, blau, ölig
Nase	Schief, lang, gebogen, trocken	Mittel, scharfkantig, spitz	Weich, rund, Stupsnase, feucht
Lippen	Dünn, trocken, rau, rissig	Rötlich, entzündet	Dick, sinnlich, groß
Zähne	Klein, Zahnlücken, schief, Karies	Mittel, weich, leicht blutiges Zahnfleisch	Groß, weiß, stark, gleichmäßig
Nägel	Brüchig, trocken	Weich, rosa	Kräftig, dick, fest
Hände	Dünn, kalt, rissig, trocken, schief	Mittel, warm, feucht	Kalt, dick, klobig, feucht
Appetit	Wechselhaft	Immer stark	Mäßig, konstant
Verdauung	Unregelmäßig, Verstopfung, Gase	Schnell, regelmäßig, öfter am Tag	Träge, langsam, Verstopfung
Stuhl	Hart, trocken, dunkel, Gase, schmerzhaft	Weich, hell, sauer, Tendenz zu Durchfall	Weich bis fest, klebrig, schleimig
Schweiß	Spärlich ohne Geruch	Reichlich mit saurem Geruch	Kalt, süßlich, bei Anstrengung
Kreislauf	Wechselhaft	Gut	Langsam
Aktivität	Schnell, hektisch, chaotisch	Zielgerichtet, geplant, klar	Langsam, konstant
Empfindlichkeiten	Wind, Kälte, Herbst, Trockenheit	Sonne, Hitze, Sauna, Sommer	Feuchtigkeit, Kälte, Winter, Nebel
Negative Gefühle	Angst, Sorgen, ruhelos, nervös	Wut, Hass, Eifersucht, streitsüchtig	Gierig, anhänglich, sentimental, traurig

Merkmale	Vata	Pitta	Kapha
Stimmungen	Schwankend, übertrieben	Ärgerlich, gestresst, aufbrausend	Stabil, friedlich, freundlich, ruhig
Verstand	Schnell, flexibel, unentschlossen	Intelligent, kritisch, hinterfragend	Langsam, dumpf, unflexibel
Gedächtnis	Begreift schnell und vergisst es wieder	Scharf, gut, verlässlich	Begreift langsam, vergisst aber nicht
Sprechweise	Schnell, hektisch, undeutlich, geschwätzig	Überzeugend, klar, dominierend	Ruhig, langsam, hält sich zurück
Träume	Albträume, unruhig, vom Fliegen und Reisen	Krieg, Gewalt, intensiv, leidenschaftlich	Romantisch, schön, von Natur, Wasser

Die geistige Konstitution

»Sattva lässt dem Glück verhaftet sein, Rajas dem Wirken. Tamas hüllt das Wissen ein und bindet an die Nachlässigkeit von Irrtum und Untätigkeit.«[16]

Wie bereits eingangs dieses Kapitels erwähnt wurde, steht jedes Lebewesen unter dem Einfluss der drei mentalen Gunas Sattva, Rajas und Tamas. Laut den Veden sind die Menschen keineswegs frei in ihrem Denken und Handeln, sondern werden in allem durch Sattva, Rajas und Tamas bestimmt. Die drei mentalen Gunas sind die Ursache für Charakter, Emotionen, Verhalten und Motivation eines jeden Lebewesens. Sie sind Teil der großen Täuschung (Maya) der Welt, der jeder Mensch unterliegt, wenn er sich nicht über seine niedrige Natur erhebt und sich höherem spirituellen Wissen hingibt. Jeder Mensch hat eine angeborene Mischung von Sattva, Rajas und Tamas. Sie ist das Resultat all der guten oder schlechten Taten aus seinem Vorleben. Ähnlich der Tri-Doshas unterliegen die mentalen Gunas einem ständigen Auf und Ab, je nachdem, womit ich mich beschäftige. Im Gegensatz jedoch zur unveränderlichen körperlichen Konstitution sollte die angeborene mentale Konstitution im Laufe des Lebens in Richtung Sattva verändert werden.

Sattva – das reine Wesen

Von diesen (Gunas) ist Sattva durch die Klarheit seiner Eigenschaft die Ursache von Licht und Erleuchtung und durch die Kraft dieser Reinheit bringt es in der Natur keine Krankheit und kein Leiden hervor. Die Bhagavadgita [17]

Merkmale von Sattva:

Wahrheitsliebend, mutig, friedfertig, glücklich, heiter, kreativ, mitfühlend, vergebend, demütig, religiös, geduldig, sauber, ordentlich, rein und frei von Gier, Egoismus, Wut, Eifersucht, falschem Stolz und Intoleranz.

Sattva ist das einzige der drei mentalen Gunas, das rein und unbefleckt ist. Der Mensch sollte seinen Sattva-Anteil im Laufe seines Lebens immer weiter erhöhen, um höheres geistiges Wissen zu erlangen, sein Schicksal (Karma) zu verbessern sowie Krankheiten und Leid zu vermeiden. Ein Mensch mit hohem Sattva weiß, dass sein Leben nur ein kurzer und vergänglicher Abschnitt ist, den er mit guten Taten, echter Religiosität, Friedfertigkeit und Demut füllen sollte, um geistige Befreiung (Moksha) zu erreichen. Durch Moksha durchbricht der Mensch den endlosen Kreislauf von Karma und Wiedergeburt. Er geht dann sprichwörtlich ins Himmelreich ein.

Auch viele Gewürze und Nahrungsmittel sind sattvisch: Kreuzkümmel, Kurkuma, Lorbeerblätter, Ingwer, Kalmus, Milch, Ghee und Honig.

Lebensweise und Tätigkeiten, die Sattva erhöhen

Musizieren, tanzen, Beschäftigung mit Kunst und schönen Dingen wie Blumen, Düften (Räucherwerk, ätherische Öle), Stoffen oder Farben, Aufenthalt in der Natur, Yoga, Meditation, soziale Arbeit, selbstloses Dienen, (nicht fanatische) Religiosität, heilen, lachen und anderen eine Freude bereiten. Frische Kost, kochen über dem Gasofen oder dem offenen Feuer.

Rajas – das leidenschaftliche Wesen

Rajas hat als Wesensmerkmal den Reiz der Zuneigung und des Verlangens. Es ist ein Kind der Verhaftung der Seele an das Verlangen nach den Dingen, und es fesselt den verkörperten Geist durch Verhaftung an das Wirken. Die Bhagavadgita [18]

Merkmale von Rajas:

Verlangen, übertriebener Ehrgeiz, Konflikte, Neid, Eifersucht, Habsucht, Konkurrenzdenken, Aggression, Hass, Unruhe und Unzufriedenheit.

Rajas ist Leidenschaft und Verlangen. Menschen mit viel Rajas wollen viel erreichen, besitzen, erleben und kennen lernen. Rajas braucht ständig Zerstreuung, da sich sein innerer Aktionismus irgendwie austoben muss. Es sind unruhige, oft unzufriedene Menschen, die schnell gelangweilt sind und ständig neue Kicks brauchen. Es sind eher oberflächliche Menschen, die nicht die Ruhe und Motivation haben, nach innen zu gehen, um die Wahrheit hinter den Dingen zu entdecken. Sie leben ganz in der materiellen Welt, wollen diese voll auskosten und sind stets auf ihren Vorteil bedacht. Dieses Leben macht die meisten nicht nur auf Dauer unglücklich, sondern auch müde. Um dem zu entrinnen, muss man sich mit sich selbst und sattvischen Themen beschäftigen, auch wenn es anfangs ungeheure Anstrengungen erfordern mag.

Rajasische Nahrungsmittel sind: Aufputschende Nahrung und Getränke wie säurehaltige Getränke mit weißem Zucker, Cola oder so genannte »Energy Drinks«, Kaffee und andere koffeinhaltige Getränke, Alkohol, Fleisch (besonders rotes Fleisch), Meeresfisch, Tomaten.
Auch Speisen mit intensivem und irritierendem Geschmack, wie Kartoffelchips, Chili und Meerrettich.

Lebensweise und Tätigkeiten, die Rajas erhöhen

Unruhiger Lebensstil, Hektik, Stress, zu viel Arbeit, zu geringe Ruhezeiten, ärgern, streiten, viel fernsehen, Beschäftigung mit spannenden, unruhigen Themen, Konsum von aufputschenden Drogen wie Amphetaminen, Kokain oder LSD. Umgang mit intensiven Gerüchen von Chemikalien (Klebstoffe, Formaldehyd, Aceton, Säuren), schrille Geräusche oder elektromagnetische Strahlen (Handy, Mikrowelle, Funkmasten), Kochen auf dem Elektroherd.

Tamas – das unbewusste Wesen

Aber Tamas ist aus der Unwissenheit geboren und der Betörer aller verkörperten Wesen. Es fesselt durch Nachlässigkeit, Trägheit und Verschlafenheit.

Die Bhagavadgita [19]

Eigenschaften von Tamas:

Passiv, träge, faul, eigensinnig, nachlässig, unwissend, stur, feige, unehrlich, uninteressiert, gierig, ungepflegt, abstoßend, dumpf, kriminell, pervers, skrupellos, gibt nichts freiwillig an andere weiter.

Tamas bedeutet Dunkelheit und Unbewusstheit. Menschen mit viel Tamas sind desinteressiert, ungebildet und fallen oft mit abstoßenden Verhaltensweisen auf. Sie sind schmutzig, achten nicht auf sich und ihre Gesundheit und beschäftigen sich mit nichts anderem als den primitiven Instinkten des Lebens. Tamas-Menschen sind faul, haben keine Lust auf Bewegung und Sport und vegetieren die meiste Zeit vor sich hin. Sie können auch pervers und skrupellos sein, da sie keinerlei Moralbewusstsein entwickelt haben. Einem Tamas-Menschen zu helfen ist nur möglich, wenn man ihn mit viel Geduld langsam seinem Chaos entreißt und ihm eine Motivation gibt, die ihn fordert und von sich ablenkt. Oft braucht es einen heilsamen Schock, damit solche Menschen bewusst ihr Leben verändern.

Nahrungsmittel, die Tamas erhöhen, sind beispielsweise H-Milch, Avocados, Pilze, Knoblauch, Zwiebeln, Hartkäse, alter Käse, Bier.

Lebensweise und Tätigkeiten, die Tamas erhöhen

Mikrowellennahrung, aufgewärmtes Essen, konservierte Nahrung (Konserven, Fertigkost), Tiefkühlkost, Fastfood, verdorbene oder alte Nahrung und das Fleisch von kranken oder nicht artgerecht gehaltenen Tieren. Auch das Verschlingen von großen Mahlzeiten und die Einnahme von gegensätzlichen Nahrungsmitteln macht schwer und träge und verstärkt Tamas. Abstumpfende Drogen wie Haschisch, Ecstasy oder Heroin.

Abschließend noch ein Zitat aus der Bhagavadgita: »Wenn Sattva sich behauptet hat, wenn der Verkörperte zu seiner Auflösung kommt, gelangt er zu den makellosen Welten derer, die die höchsten Prinzipien kennen. Kommt es zu einer Auflösung, wenn Rajas vorherrscht, wird er unter jenen Menschen (wieder)geboren, die dem Handeln verhaftet sind. Wird sein Leib aufgelöst, wenn Tamas zunimmt, wird er in den Schößen derer wiedergeboren, die in völlige Unwissenheit gehüllt sind.« [20]

Gesundheit und Krankheit

Krankheiten fallen nicht vom Himmel. Sie sind das Resultat all der kleinen Sünden, die wir täglich begehen. **Hippokrates**

Folgende körperliche Faktoren entscheiden über Gesundheit und Krankheit:
1. Tri-Doshas
2. Das Verdauungsfeuer (Agni)
3. Die sieben Körpergewebe (Dhatus)
4. Die drei Ausscheidungsprodukte (Mala)

Sind diese vier Faktoren in Ihrem Körper im Gleichgewicht, sind Sie gesund. Wenn nicht, werden Sie krank.

Wie Sie Ihren Körper im Gleichgewicht halten

1. Halten Sie Vata, Pitta und Kapha in ihrem natürlichen Gleichgewicht, wie es Ihrer Konstitution entspricht. Erhöhte Energien gleichen Sie am besten mit gegensätzlichen Maßnahmen wieder aus.
2. Halten Sie Ihre Verdauung und das Verdauungsfeuer Agni im bestmöglichen Zustand. Agni ist neben den Tri-Doshas der wichtigste Faktor im Körper. Sein Zustand ist dafür verantwortlich, ob der Organismus gesunde Zellen bildet oder kranke und ob Ihr Körper mit giftigen Stoffwechselprodukten (Ama) überladen wird oder nicht. Auch die Qualität und Regelmäßigkeit aller Ausscheidungen ist direkt von Agni abhängig.

Da wir uns mit dem ersten Punkt bereits ausgiebig beschäftigt haben, wenden wir uns jetzt der Zentrale unseres Stoffwechsels zu, dem Verdauungsfeuer Agni.

Agni – das Verdauungs- und Stoffwechselfeuer

Das Verdauungsfeuer Agni ist der Repräsentant des Feuer-Prinzips im Körper und sorgt dafür, dass die Nahrung in Körpergewebe (Dhatus) umgewandelt wird. Dies geschieht in sieben Schritten, in denen sich jeweils ein Teil des gebildeten Körpergewebes weiter spezialisiert, vom Grundplasma, über das Blut, die Muskeln, das Fett, die Knochen, das Knochenmark und das Nervengewebe bis hin zu den Fortpflanzungsgeweben. Dieser Zyklus ist nach 30 Tagen abgeschlossen, das heißt, erst dann hat sich die aufgenommene Nahrung vollständig in ihre verschiedenen Eigenschaften und Körpergeweben transformiert. Wie gut dieser Zyklus funktioniert, ist direkt von der Qualität unserer Verdauungsleistung abhängig.

Der Aufbau der Körpergewebe ist damit jedoch noch nicht ganz abgeschlossen. Als letzte Substanz entsteht eine feinstoffliche Essenz, die Ojas genannt wird. Diese vitale Lebensenergie durchläuft den gesamten Organismus noch einmal und erneuert ihn auf feinstofflicher Ebene.

Ojas ist die feinstoffliche Energie, die den gesamten Körper regeneriert. Sein Sitz ist das Herz und von dort aus verjüngt und erfrischt es den gesamten Organismus. Wie ein kostbarer Jungbrunnen durchströmt diese feinstoffliche Flüssigkeit alle Körpergewebe und schenkt neue Kraft und gesunde Ausstrahlung. Ojas steuert zudem unser Immunsystem und schützt uns vor Ansteckung und Krankheiten. Auf mentaler Ebene sorgt Ojas für Stabilität, Liebe und Mitgefühl.

Der Zyklus der sieben Dhatus lässt sich also als Vorgang der Umwandlung und Weiterentwicklung beschreiben. Alle Prozesse der Umwandlung im Körper sind wiederum Ausdruck des Elements Feuer und des Feuer-Prinzips: Agni. Hierin liegt der Dreh- und Angelpunkt der körperlichen Gesundheit. Eine schlechte Nahrungsverwertung wirkt sich auf alle wichtigen Systeme des menschlichen Körpers negativ aus: Vata, Pitta und Kapha, die sieben Dhatus und die Ausscheidungen. Verdauung ist der Verarbeitungsprozess, der ein Nahrungsmittel so verändert, dass es dem Körper ähnlich genug wird, um es verwerten zu können.

Der Verdauungsprozess verläuft ganz allgemein in drei großen Abschnitten:

1. der Phase des Ähnlich-Machens (Assimilation)
2. der Phase der Energiegewinnung und Umsetzung in Körpergewebe (Dissimilation)
3. der Ausscheidung der übrig gebliebenen Abfallstoffe (Elimination)

Da das Zerlegen der Nahrung in erster Linie im Verlauf eines Verbrennungsvorgangs erfolgt, spricht man in jeder Naturheilkunde von einem *Verdauungsfeuer*, im Ayurveda von *Agni*. Es ist heiß, trocken, leicht, scharf und durchdringend. Agni ist von Natur aus bei jedem Menschen unterschiedlich stark entwickelt. Es ist abhängig von der Konstitution (Prakriti) und der momentanen Verfassung (Vikriti). Bei der Kapha-Konstitution spricht man von einem von Natur aus schwachen Agni (Manda-Agni), bei der Pitta-Konstitution von einem naturgemäß starken Agni (Tiksha-Agni) und bei der Vata-Konstitution von einem labilen, wechselhaften Agni (Vishama-Agni). Der beste oder harmonischste Zustand von Agni heißt Sama-Agni; man spricht dann davon, wenn Vata, Pitta und Kapha im konstitutionellen Gleichgewicht und Appetit und Verdauung regelmäßig und ausgeglichen sind. Ein wichtiges Ziel jeder ayurvedischen Behandlung ist daher das Erreichen von Sama-Agni. Wie gut Agni funktioniert, ist jedoch in erster Linie von unserer Lebensweise und Ernährung abhängig. Somit steuert es jeder Mensch selbst, ob seine Verdauung gut oder schlecht ist.

Vikriti ist der augenblickliche Zustand, der abhängig ist von Ernährung, Lebensweise, Psyche, Klima sowie Tages- und Jahreszeiten.

Ernährungsregeln

Um Agni bestmöglich zu unterstützen, beachten Sie bitte folgende Essensregeln:

- Halten Sie die natürlichen Essenszeiten ein. Essen Sie mittags die Hauptmahlzeit.
- Eine Hauptmahlzeit sollte grundsätzlich drei Eigenschaften besitzen: warm, befeuchtend (ölig) und ohne gegensätzliche Eigenschaften, also nicht Kaltes und Heißes gleichzeitig.
- Geben Sie Ihrem Körper zwischen zwei Mahlzeiten mindestens drei bis vier Stunden Zeit, bevor Sie erneut essen.
- Nehmen Sie die Nahrung zu sich, die zu Ihrer Konstitution beziehungsweise zu Ihrer momentanen Verfassung passt.
- Passen Sie die Ernährung der Jahreszeit und dem Klima an. Im Herbst und Winter sollten Sie überwiegend Warmes essen, in den warmen Monaten können Sie auch kühle Speisen dazunehmen.
- Lenken Sie sich während des Essens nicht mit Lesen oder Gesprächen ab.
- Lassen Sie das Essen ein Fest für die Sinne sein: Gutes Aussehen, angenehmer Geruch und delikater Geschmack erleichtern die Verdauung.
- Nehmen Sie möglichst jeden Tag alle sechs Geschmacksrichtungen zu sich.

Es gibt einige Nahrungsmittel, die man laut Ayurveda nicht kombiniert essen sollte, da ihre Eigenschaften und Wirkungen gegensätzlich oder ungünstig sind. Durch den Verzehr dieser Nahrungsmittel schädigen Sie Agni und so entstehen große Mengen Ama.

- Nahrung mit leichten und schweren Eigenschaften sollte in einem ausgewogenen Verhältnis sein. Einseitigkeit sollten Sie meiden.
- Essen Sie nicht an einem ungemütlichen, lauten und schmutzigen Ort.
- Essen Sie angemessene Mengen – nicht zu viel, aber auch nicht zu wenig.
- Essen Sie nicht zu schnell, aber auch nicht zu langsam.
- Mit etwas Süßem sollten Sie das Essen beginnen, die Hauptmahlzeit sollte wie allgemein üblich überwiegend sauer/salzig und gut gewürzt sein. Abschließend sollten Sie etwas Bitteres und/oder Zusammenziehendes zu sich nehmen.
- Trinken Sie in Maßen vor und während des Essens, nicht direkt danach.
- Vermeiden Sie die nachfolgenden unverträglichen Nahrungsmittel.

Agni ist im Sommer schwach und im Winter sowie am Mittag stark, morgens und Abends jedoch schwach.

Beispiele für unverträgliche Nahrungsmittel:

- Kalte Milch, kalte Milcheisprodukte wie Milchshakes oder Eiscreme
- Kombinationen von Milchprodukten mit Früchten, beispielsweise Fruchtjoghurt, Fruchtquark, Frucht-Milchshakes oder Erdbeeren mit Sahne
- Kombinationen von Alkohol mit Früchten oder Fruchtsäften
- Mischungen unterschiedlicher Obstsorten (Obstsalat)
- Kombinationen von Fisch, Rettich oder salziger Nahrung mit Milchprodukten oder Honig
- Kombinationen von Joghurt mit Rind- oder Hühnerfleisch
- Kombinationen von Honig mit Fisch oder Fleisch von Tieren aus Feuchtgebieten (Moor, Sumpf)
- Kombinationen von Honig mit Ghee zu gleichen Teilen
- Honig, der beispielsweise in heißem Tee erhitzt wurde

Wie Sie es vermeiden, dass Giftstoffe (Ama) entstehen

Solange das Verdauungsfeuer Agni gut funktioniert und durch die richtige Ernährung unterstützt wird, fällt es dem Körper leicht, die Bildung von Giftstoffen zu vermeiden.

Ama ist eine giftige Substanz, die bei einer unvollständigen Verdauung entsteht. Es verstopft die Kanäle (Shrotas) des Körpers, wie zum Beispiel Arterien, Venen, Kapillaren, die Lymphe, aber auch alle anderen Mikrogefäße innerhalb und außerhalb der Zellen. Die Shrotas bilden die Infrastruktur des Organismus mit allen Verbindungen, in denen Nähr- wie Abfallstoffe transportiert werden. Durch einen gestörten Nährstoffaustausch wird das Gewebe nicht mehr ausreichend ernährt. Je mehr Ama entsteht, umso schwächer wird das Verdauungsfeuer Agni und umso schwieriger wird es für den Körper, diese ungesunden Ablagerungen auszuscheiden.

Kapitel II: Die menstruierende Frau (Rajaswala)

Laut dem Veda verläuft das Leben eines Menschen von der Geburt bis zum Tod in verschiedenen Abschnitten, die von einer Reihe von Ritualen eingeläutet werden. Sinn dieser Riten ist es, die Übergänge von einem Lebensabschnitt zum nächsten so problemlos wie möglich zu gestalten und damit eine Art Anleitung zum Erwachsenwerden zu ermöglichen.

Die Rhythmen der Natur und deren Bedeutung für die Gesundheit der Frau

Aus ayurvedischer Sicht ist der Organismus der Frau viel enger mit der materiellen Schöpfung und unserem Planeten verbunden als der des Mannes. Die Erde ist nicht nur ein bloßer Himmelskörper, der Leben hervorbringt, sondern er ist selbst ein lebendiger Organismus, eingebettet in einem sich ständig wandelnden Sternensystem. Die vedische Wissenschaft über Astronomie und Astrologie (Jyotish) zählt neun Planeten zu unserem Sonnensystem. Im Gegensatz zu unserer westlichen Astrologie werden die äußeren und mit bloßem Auge nicht sichtbaren Planeten Uranus, Neptun und Pluto in den Veden nicht erwähnt. Der wohl wichtigste Unterschied zwischen dem indischen und dem westlichen System liegt darin, dass dem Mond im indischen System eine weitaus bedeutendere Stellung zuerkannt wird. Das weibliche Prinzip wird wesentlich höher bewertet. Man könnte sogar sagen, dass die vedische Astrologie eine Mondastrologie ist und nicht – wie die westliche – eine Sonnenastrologie. [28]

Jyotish, der Name der Astrologie der Veden, ist ein Sanskritwort, das am besten mit die Wissenschaft vom Licht übersetzt wird.

Die besondere Beziehung des Mondes spielt auch in der Gesundheit der Frau eine große Rolle. Der Mond bestimmt mit seinem gleichmäßigen Rhythmus nicht nur die Säfte aller Lebewesen, sondern genauso die der Erde selbst, wodurch Ebbe und Flut entstehen. Sein Charakter ist weich, kühl, erfrischend, nährend, ausgleichend, feucht und kommt damit der vedischen Beschreibung

der weiblichen Natur sehr nahe. Der Mond steht auch für die Fruchtbarkeit und die Schöpfung an sich. Daher haben naturverbundene Bauern ihre Aussaat schon von jeher dem Rhythmus des Mondes angepasst.
Da der weibliche Organismus mehr von seiner Feuchtigkeit und seinen Säften bestimmt wird als der männliche, wirken die Mondphasen auch viel erheblicher auf die Frau ein. Daher ist es für eine Frau nur natürlich, wenn ihr eigener Körperrhythmus, insbesondere der Menstruationszyklus, parallel zu den Mondphasen verläuft. Ideal wäre aus ayurvedischer Sicht, wenn die Blutungen mit dem Neumond beginnen und der Eisprung auf den Vollmond fallen würde. Der Menstruationszyklus unterliegt häufigen Schwankungen und kann gerade durch Stress, psychische Faktoren oder akute Erkrankungen schnell gestört werden. Der Mond aber ist und bleibt ein wichtiger Helfer, mit dessen Kraft Sie sich immer wieder aufs Neue verbinden können, wenn Ihre Natur aus dem Gleichgewicht geraten ist.

Die erste Periode – ein tiefer Einschnitt auf dem Weg zum Erwachsenwerden

Der Rhythmus der Frau beginnt mit dem Eintritt in die Pubertät. Früher war das in unseren Breitengraden zwischen dem 12. und 15. Lebensjahr, heute jedoch hat sich der Beginn der ersten Periode (Menarche) durchschnittlich um ein bis zwei Jahre nach vorne verlagert, sodass mitunter schon Neun- oder Zehnjährige mit der Monatsblutung beginnen.
Obwohl die Menarche wohl eines der tiefsten Erlebnisse im Leben einer Frau ist, haben wir trotzdem in unserem Kulturkreis schon seit langer Zeit ein eher verkrampftes Verhältnis zu diesem Thema. Früher praktisch totgeschwiegen, wird die erste Menstruation heute nüchtern rationalisiert und meist als notwendiges Übel hingenommen. Trotz aller Aufklärung über Medien und Schule in den letzten 40 Jahren wird die emotionale Komponente dieses Ereignisses aber oftmals sehr unterschätzt. Auch heute noch gibt es Mädchen, die angesichts einer unerwarteten Blutung erst einmal geschockt sind. Einige meinen sogar, sie seien todkrank und müssten jetzt sterben. Andere dagegen verkriechen sich und versuchen mit diesem neuen »Problem« alleine fertig zu werden. Nicht selten ist die Menarche der Auslöser für körperliche und geistige Störungen. Von einem Moment auf den anderen wird aus einem jungen Mädchen eine fruchtbare Frau. Theoretisches Wissen darüber hilft zwar, das Ganze rational zu verarbeiten, aber emotional fühlen sich viele junge Frauen damit allein gelassen. Unsere Gesellschaft hat bis heute kein wirkliches Kon-

zept gefunden, um den Heranwachsenden Stolz und Freude angesichts ihrer Menarche zu vermitteln. Viele Eltern denken sogar, dass Schule oder Medien dafür zuständig sind. Aber selbst wenn dem so wäre, kann die Schule nur theoretischen Unterricht bieten und ersetzt nicht den Schoß und das Mitgefühl einer funktionierenden Familie.
Im indischen und vielen anderen Kulturkreisen dagegen ist der Eintritt in die Weiblichkeit – wie sollte es auch anders sein – ein weiterer Grund zum Feiern. Selbst heute noch ist es in ländlichen Regionen Indiens üblich, die Familienangehörige am Ende der ersten Mensis zu einem großen Fest einzuladen, deren Mittelpunkt, die junge Frau, mit kostbaren Geschenken überhäuft wird. Im Gegensatz zu unserem Umgang mit der neuen Situation entsteht so keine Geheimniskrämerei oder Scham, sondern die ganze Familie nimmt Anteil daran. Und jeder im Umfeld weiß ab jetzt, dass er in Zukunft nicht mehr einem weiblichen Kinde gegenübersteht, sondern einer jungen Frau. Das junge Mädchen bekommt von seiner Familie seinen gebührenden Platz zugeteilt. Es muss nicht erst – wie in unserem Kulturkreis – seinen Platz finden oder um ihn kämpfen, sondern hat Anspruch darauf, ab sofort als junge Frau anerkannt zu werden.

Der Schlankheitswahn – Problemzone weiblicher Körper

In unserer Gesellschaft kommt vor allem dem Aussehen höchste Bedeutung zu. Bei vielen Menschen hat der Körperkult mittlerweile krankhafte Züge entwickelt. Perfektion ist angesagt: Der Mann durchtrainiert mit Waschbrettbauch; die Frau schlank bis untergewichtig und vor allem frei von Fettpölsterchen und Rundungen. Diesem Bild der fast schon magersüchtigen »Traumfrau« huldigen wir nun schon seit etwa 40 Jahren. Wir sehen in den Hochglanzmagazinen und Katalogen fast ausschließlich untergewichtige, kränklich aussehende Frauen, die eher dem Bild eines frühpubertierenden Mädchens als dem einer erwachsenen Frau entsprechen. Und da wundern wir uns, wenn die jungen Mädchen, sich dieses »Schönheitsideal« als Vorbild nehmen und sich krank hungern? Welche junge Frau kann sich heutzutage diesem Körperwahn denn noch entziehen? Knapp zwei Drittel aller weiblichen Jugendlichen bis zum 18. Lebensjahr haben nach Angaben der Ärztekammer Niedersachsen mindestens einmal eine Diät zur Gewichtsreduzierung gemacht. Nach Umfragen möchten 80 Prozent aller weiblichen Jugendlichen ihr Gewicht reduzieren.[29] Die Konsequenz ist ein stetiger Anstieg von selbstzerstörerischen Suchtkrankheiten wie Magersucht (Anorexia nervosa) und Bulimie (Ess – Brechsucht) bei Jugendlichen.

Wir sollten der natürlichen Weiblichkeit wieder mehr Platz einräumen, gerade in unseren Familien. Niemand ist gezwungen, diesen Körperwahn mitzumachen und vor allem als Mutter sollte man seiner Tochter das Vorbild geben, das sie braucht, um diese Probleme möglichst zu vermeiden.

Die Sexualität in der Jugend

Sex zu haben ist in unserer heutigen freizügigen Gesellschaft beinahe schon so gewöhnlich geworden, wie ins Kino zu gehen. Die meisten Mädchen haben ihre Jungfräulichkeit bereits in einem Alter verloren, in dem man früher viel leicht gerade mal den ersten heimlichen Kuss hinter sich hatte. So aufregend diese neue Sexualität auch sein mag, sie hat auch unangenehme Konsequenzen. Der Geschlechtsverkehr ist laut dem Ayurveda nicht nur ein aufregendes Vergnügen, sondern man übernimmt dadurch auch die Verantwortung für ein neues Leben, das daraus entstehen kann. Die Mädchen sind dadurch gezwungen, frühzeitig zu verhüten. Die meisten greifen daher schon in einem sehr frühen Alter zur Antibabypille, die, wie wir im Kapitel VI noch eingehend diskutieren werden, gravierendere Auswirkungen auf den weiblichen Organismus hat, als die meisten wissen. Eine weitere Konsequenz ist die Zunahme von Infektionen im Unterleib, die nicht nur oft mit Penizillinen behandelt werden, sondern auch eine häufige Ursache für chronische Krankheiten und spätere Unfruchtbarkeit sein können. Und schließlich sollte man auch über die psychosozialen Auswirkungen einer frühzeitigen Sexualität nachdenken.
Eine Frau wird in der Regel eine sexuelle Vereinigung intensiver erleben als der Mann, besonders wenn es die allererste ist. Sie ist meist auch gefühlsmäßig stärker betroffen. Die daraus möglicherweise entstehenden Risiken tiefer emotionaler Verletzungen wirken sich nicht nur auf die spätere Bindungsfähigkeit negativ aus.
Ein junger Mensch ist laut vedischer Sicht noch nicht reif genug, seinen Umgang mit der Sexualität selbst zu entscheiden. Als Eltern mag man dieser Behauptung vielleicht noch zustimmen, als Jugendlicher jedoch ist dies sicherlich schwierig einzusehen. Trotzdem würde ich Eltern raten, offen und klar dieses Thema anzusprechen und die Kinder über alle Aspekte aufzuklären. Sexualität ist eine so starke Energie, beinhaltet aber so viel Potenzial für Probleme, dass man sie nicht unkontrolliert ausüben sollte. Frühester Beginn der Sexualität für Mädchen sollte daher laut dem Ayurveda der 16. Geburtstag sein.
In der vedischen Kultur war jedoch damit eigentlich nur die Sexualität innerhalb der Ehe gemeint. Der Verlust der Jungfräulichkeit fiel somit auf den Tag

der Hochzeit, die laut den Veden wohl größte und intensivste Zeremonie im Leben von Frau und Mann.

Noch heute ist dieser Tag in Indien etwas ganz Besonderes, und damit er tatsächlich zum schönsten Ereignis wird, arbeitet die gesamte Familie schon Wochen vorher daran, um die unzähligen Vorbereitungen rechtzeitig beenden zu können. Wer schon einmal eine richtige indische Hochzeit miterlebt hat, wird verstehen, dass sie selbst heute noch mit unserer nicht vergleichbar ist. Da werden mitunter tausend und mehr Familienangehörige eingeladen, die dann tatsächlich auch alle kommen. Alle wollen dabei sein und dazu beitragen, dass es für die frisch Vermählten ein unvergesslicher Tag wird. Und was gibt es Schöneres für beide, als die Jungfernschaft erst in dieser Hochzeitsnacht zu verlieren.

Der weibliche Zyklus

Was ist der eigentliche Sinn des weiblichen Monatszyklus?

Aus ayurvedischer Sicht ist die Frau das Sinnbild der Schöpfung. Sie ist vergleichbar mit unserer Mutter Erde, denn auch bei ihr ist bereits von Geburt an alles vorhanden, was es zum Entstehen von Leben braucht. Daher ist die Fortpflanzung die höchste Aufgabe einer jeden Frau und der gesamte Organismus ist darauf ausgerichtet. Eine Empfängnis kann jedoch nur unter besten Bedingungen im weiblichen Körper stattfinden. Wenn man den monatlichen Zyklus betrachtet, so läuft er in drei großen Phasen ab:

1. Die Periodenblutung (Ama-Phase)
2. Der Aufbau der Gebärmutterschleimhaut (Ruktala-Phase) mit dem Eisprung am Ende
3. Die Umwandlung und spätere Abstoßung der Gebärmutterschleimhaut (Arthava-Phase)

Die Periodenblutung (Ama-Phase)

In der Ama-Phase ist Vata-Dosha das vorherrschende Dosha.

Allein schon anhand der Namensgebung Ama kann man erkennen, dass die monatliche Blutung der Frau eine Reinigungskur ist. Nicht umsonst leiden viele Frauen unter mehr oder minder starken Wechseljahrsbeschwerden, wenn die Blutungen später wieder aufhören. Durch die Ausleitung ihres Periodenblutes kann der weibliche Organismus seinen Stoffwechsel von den gröbsten

Schlacken befreien, die sich besonders im Bereich der Fortpflanzungsorgane angesammelt haben. Die Wirkung dieses kleinen, aber regelmäßigen Aderlasses ist nicht zu unterschätzen. Viele Frauen kommen in meine Praxis mit einem chronisch erhöhten Blutdruck (Hypertonie), der sich erst nach einer Gebärmutterentfernung oder nach der Menopause entwickelte. Medizinisch lässt sich ein Zusammenhang dafür nicht belegen, aber aus ayurvedischer Sicht weiß man, dass man diese Frauen mit speziellen ayurvedischen Kuren und kleineren Aderlässen erfolgreich behandeln kann.
Interessant für den ayurvedischen Therapeuten ist die Zusammensetzung, Aussehen und Farbe des Menstrualblutes, anhand dessen er Hinweise über krankhafte Störungen in den Fortpflanzungsorganen aber auch des gesamten Organismus findet. Auch das Vorhandensein von Ausfluss, der in Farbe und Geruch auffällig ist, spielt eine wichtige Rolle. Aussehen und Zusammensetzung des Menstrualblutes variieren zwar je nach Konstitution, trotzdem gibt es das so genannte gesunde Menstrualblut, anhand dessen sich der ayurvedische Therapeut orientiert.
Das gesunde Menstrualblut (Arthava) hat folgende Merkmale:

- Es ist von mittel bis hellroter Farbe.
- Es ist nahezu frei von Klumpen besonders von schwärzlichen.
- Es fließt leicht, ohne Unterbrechungen oder Stockungen.

Die Aufbauphase (Ruktala)

In der Ruktala-Phase wird die Frau vorwiegend von Kapha-Dosha dominiert.

Nach dem Ende der Blutung setzt die etwa zwölftägige Aufbauphase ein. Befreit von vielen Giftstoffen sollte die Frau ein Gefühl von Reinigung, Frische und Ausgeglichenheit haben, das sich in besserer Ausstrahlung und gesundem Teint zeigt. Der Bauch, die Hüften und die Beine fühlen sich leichter an, die Haare sollten feuchter und glänzender sein. Das natürliche Verlangen nach Sex ist in dieser Phase viel stärker, da jetzt die Zeit einer möglichen Empfängnis beginnt. Auf dem Höhepunkt von Ruktala kommt es zum Eisprung. Die weibliche Eizelle (Ovum) wird aus dem Eierstock (Ovar) ausgestoßen und wandert durch den Eileiter in die Gebärmutterschleimhaut, wo es sich im Falle einer Befruchtung einnistet oder aber mit der nächsten Blutung abgestoßen wird.
Ruktala ist geprägt vom Plasmagewebe (Rasa-Dhatu). Je nachdem wie die Qualität von Rasa-Dhatu im Körper ist, kann sich die Frau sogar euphorisch und enthusiastisch fühlen. Anzeichen von Schwere, Müdigkeit oder schmutzigen,

unreinem Aussehen der Haut in dieser Phase zeigen eine deutliche Verunreinigung mit Ama an, das therapeutisch behandelt und ausgeleitet werden sollte.

Die Umwandlungs- und Abstoßungsphase (Arthava)

In der Arthava-Phase steht die Frau unter dem Einfluss von Pitta-Dosha.

Wenn es nach dem Eisprung zu keiner Schwangerschaft kommt, gelangt der weibliche Organismus in die Umwandlungs- und Abstoßungsphase (Arthava). Jetzt erhöht sich, wie es für diese Phase typisch ist, die Temperatur. Das in der Ruktala-Phase aufgebaute Plasmagewebe (Rasa-Dhatu) wird in Blut (Rakta-Dhatu) umgewandelt. Die Frau gerät mehr und mehr unter den Einfluss von Pitta-Dosha, der mit Dauer des Zyklus immer stärker wird. Besonders Pitta-dominierte Frauen fühlen sich mitunter in dieser Phase nicht wohl und sind gereizter. Unmittelbar vor dem Einsetzen der Periode kommt dann auch noch der Einfluss von Vata-Dosha dazu, da es den Beginn der nächsten Periodenblutung einleitet. Es ist daher aus ayurvedischer Sicht verständlich, dass Frauen in der prämenstruellen Phase empfindlicher sind und leichter Beschwerden (PMS) bekommen können. Wie stark das PMS jedoch ausgeprägt ist, hängt neben der Konstitution in erster Linie von der Ausgeglichenheit der Tri-Doshas und von der Menge an Ama ab. Jede Frau kann daher allein schon durch eine richtige Lebensweise die Beschwerden ihres Menstruationszyklus deutlich lindern.

Der weibliche Zyklus und die Konstitutionen

Mit Beginn der Pubertät setzt bei der jungen Frau die monatliche Blutung ein. Zunächst meist noch unregelmäßig, spielt sich im Laufe der Zeit der Zyklus ein, der idealerweise um die 28 Tage dauern sollte, so die Theorie. In der Praxis sieht das Ganze jedoch je nach Konstitution anders aus.

Die Vata-Konstitution

Es gibt bei einer Vata-Konstitution nur eine Regelmäßigkeit, auf die man sich verlassen kann, und das ist die konstante Unregelmäßigkeit. Jeden Monat sieht der Zyklus anders aus. Einen Monat ist er kurz, beim nächsten dann wieder länger. Einmal sind die Blutungen fast nicht vorhanden, dann kommen

wieder große Mengen an Blut. Nicht selten fällt eine Periode auch ganz aus, bei psychischen Problemen sogar für längere Zeit. Das Menstrualblut ist meist sehr dunkel und kann ins Schwärzliche übergehen.
Eher konstant sind dagegen die teilweise heftigen Schmerzen, die meist mit Beginn der Periode einsetzen. Jedoch gilt im Ayurveda folgende Regel: Jeder wiederkehrende Periodenschmerz sollte grundsätzlich behandelt werden. Also auch bei Vata-Frauen sind Schmerzen während der Periode keine unabänderliche Konsequenz ihrer Konstitution.

Kennzeichen eines Vata-Zyklus:

- Unregelmäßiger Zyklus
- Unregelmäßig starke Blutungen
- Schwärzliches Menstrualblut
- Oft schmerzhaft

PMS:

- Unruhig und nervös
- Überfordert und schwach
- Verstopfung
- Krämpfe
- Kopf- oder Rückenschmerzen

PMS

Vata-Frauen fühlen sich prämenstruell unruhig und nervös. Sie können auch ängstlich sein und vermehrt von Albträumen geplagt werden. Die Emotionen sind sehr wechselhaft, aber vor allem fühlen sich die Vata-Frauen überfordert und schwach. Auf körperlicher Ebene sind sie in diesen Tagen gern verstopft, sind sehr empfindlich gegen Wind und bekommen leicht Krämpfe und Schmerzen aller Art wie Kopfschmerzen oder Rücken-, Becken- oder Unterbauchschmerzen. Beim Geschlechtsverkehr können Schmerzen und Trockenheit der Vagina auftreten.

PMS-Tipps

Sie müssen sich vor und während der Periode mehr Ruhe gönnen als die anderen Konstitutionen. Sie dürfen sich auf keinen Fall übernehmen oder gar ins totale Chaos hineinstürzen. Achten Sie auf einen geregelten Tag-/Nachtrhythmus und halten Sie sich an die allgemeinen Empfehlungen und Ernährungsvorgaben der Vata-Konstitution. Bei Schmerzen im Unterleib oder Rücken wirken eine warme Ölauflage mit Sesam- oder Mandelöl und eine Wärmflasche oft schon Wunder. Bei Kopfschmerzen oder Unruhezustände nehmen Sie vor dem Schlafen etwas Mandelöl und reiben es auf dem Scheitelchakra mit der flachen Hand sanft ein. Einfach über Nacht wirken lassen.

So machen Sie eine warme Ölauflage:
Öl erwärmen, beispielsweise in einem Butterpfännchen auf einem Stövchen, Kleenex oder Tempo gut darin eintauchen und auf die betroffene Stelle legen. Vorsicht, Öltemperatur vorher unbedingt testen!
Danach eine kleine Plastiktüte drüberlegen, Handtuch darüber und darauf die Wärmflasche legen. Mindestens 30 Minuten liegen lassen.

Die Pitta-Konstitution

Bei Pitta-Konstitutionen ist der Zyklus zwar regelmäßiger, aber oft sehr kurz. Er liegt meist nur zwischen 20 und 25 Tagen. Die Blutungen sind schwach und halten nur zwei bis drei Tage an. Bemerkenswert bei ihnen ist das plötzliche Aufhören der Blutungen und die tiefrote Farbe des Menstrualblutes, die an Feuer erinnert.

Kennzeichen eines Pitta-Zyklus:

- Kurzer Zyklus
- Kurze Blutungen
- Helles, feuerrotes Blut
- Plötzliches Ende der Blutungen

PMS:

- Schnell gereizt und aggressiv
- Empfindlich gegen äußere Reize
- Sodbrennen, Erbrechen und entzündliche Hautreaktionen
- Ödeme und Hitze

PMS

Pitta-Frauen können prämenstruell wahre Pulverfässer sein. Sie sind ständig gereizt, fahren schnell aus der Haut und sind in jeder Hinsicht sehr empfindlich, besonders gegen Widerspruch, aber auch gegen Gerüche, Geräusche, Licht und Schmutz (Putzfimmel!). Auch der Busen ist sehr empfindlich, es kann zu Spannungsschmerzen kommen. Auf körperlicher Ebene kommt es vor der Periode oft zu Sodbrennen, Pickeln und unreiner Haut. Die Neigung zu Entzündungen und Infektionen (Lippenherpes, Blasenentzündung) ist jetzt besonders groß. Weiter können auch Hitzewallungen, Anschwellungen, Durchfall und Erbrechen auftreten.

PMS-Tipps

Ruhig Blut bewahren! Ich weiß, das lässt sich leicht sagen, aber mit Stress und Aufregung werden die Emotionen noch höher kochen. Daher lieber einen Gang zurückschalten und unnötigen Streitereien und Stress aus dem Weg gehen. Wenn Sie das Bedürfnis haben, toben Sie sich ruhig aus, indem Sie etwas Sport (Schwimmen) treiben, tanzen oder eben dem sprichwörtlichen Putzwahn nachgeben. Übertreiben Sie es aber nicht und ruhen Sie danach unbedingt wieder aus. Tagsüber öfter mal das Gesicht mit Wasser kühlen und am Abend helfen kühle Fußbäder, besser einzuschlafen. Und nicht vergessen, Perfektion bedeutet nicht automatisch, dass der Alltag nach Ihren Vorstellungen ablaufen muss, sondern dass man ihn trotz PMS auch genießen kann.

Die Kapha-Konstitution

Bei Kapha-Konstitutionen ist der Zyklus verlängert, 30 Tage manchmal bis zu 35. Er ist sehr regelmäßig, die Blutungen sind stark und dauern mitunter bis zu einer Woche. Das Blut ist sehr hell, kann sogar ins Weißliche gehen. Im Menstrualblut befinden sich immer wieder Klumpen, die jedoch nicht in großer Menge vorhanden sein sollten. Zwischen den Blutungen kann immer wieder Weißfluss auftreten, dem jedoch bei intensivem Geruch oder Farbänderungen nachgegangen werden sollte.

Kennzeichen eines Kapha-Zyklus:

- Langer und regelmäßiger Zyklus
- Lange Blutungsdauer
- Helles, blasses Blut mit Klumpen

PMS:

- Müdigkeit, Trägheit
- Traurigkeit, Schwermut
- Wassereinlagerungen
- Schwere

PMS

Kapha-Frauen geht es vor der Periode ebenfalls nicht gut. Sie neigen zu starken Wassereinlagerungen (Ödeme), die sich überall zeigen können: an den Fingern, Füßen, aber auch am Unterleib. Alles fühlt sich schwer und voll an. Daher sind die Kapha-Frauen in dieser Zeit auch sehr träge und würden am liebsten nur faulenzen. Die Schwere schlägt sich auch gerne auf das Gemüt. Schwermut, grundlose Traurigkeit und alte Erinnerungen führen dazu, dass sie sehr nah am Wasser gebaut sind.

PMS-Tipps

Lenken Sie sich ab, am besten mit Bewegung oder Sport. Sie werden sehen, wenn Sie Ihren ersten Widerstand überwunden haben, geht alles viel leichter und Sie werden sich schwungvoll und frisch danach fühlen. Lassen Sie sich nicht gehen! Trotzen Sie der Lethargie, auch wenn Sie sich dazu zu müde fühlen. Zeichnen oder malen Sie, umgeben Sie sich mit schönen Dingen in Ihrem Zuhause oder gehen Sie abends aus, beispielsweise zum Tanzen. Jetzt besonders wichtig: Für Sie gibt es jetzt keine Naschereien, keine Zwischenmahlzeiten und Sie sollten nur wenig trinken, vor allem keine kalten oder süßen Getränke.

Allgemeine Empfehlungen für den Menstruationsablauf

Die Periode der Frau ist ein starker Eingriff auf körperlicher und psychischer Ebene. In früherer Zeit existierten in vielen Gesellschaften so genannte Menstruationshütten, in die sich die Frauen zurückziehen konnten, um während der Menstruationstage unter sich zu sein. Mit der Periode öffnet sich die Frau nicht nur auf körperlicher Ebene durch die Blutungen, sondern auch auf allen anderen Ebenen. Sie wird empfindlich gegen äußere Einflüsse und auch gegen negative Emotionen. Da die Frau von Natur aus ein emotionales Wesen ist, braucht sie einen geschützten Rahmen, um diese anfällige Zeit gut zu überstehen. Die Periode ist aber auch eine Zeit der Ausleitung und Reinigung von Körper, Geist und Seele. Unnötige oder falsche Gedanken, Emotionen und Vorstellungen können in diesen Tagen genauso abgelöst werden wie körperliche Gifte und Schlacken. Die geistige Ablösung lässt sich am besten in Gemeinschaft mit anderen Frauen mit Meditationen und Gebeten, aber auch durch künstlerische und kreative Tätigkeiten durchführen. All das war Sinn und Aufgabe der Menstruationshütten, die in einigen esoterischen Frauenzentren in Europa mittlerweile wieder belebt werden. Es war damals selbstverständlich, dass die monatliche Periode eine Auszeit für die Frau war, in der sie sich, freigestellt von allen Pflichten wie Kochen, Hausarbeit oder Kindererziehung, ganz und ungestört mit sich selbst beschäftigen konnte.

Das Verhalten

Menstruationskrämpfe werden provoziert durch:

- Sport und körperliche Anstrengungen,
- Geschlechtsverkehr,
- Stress und emotionale Belastungen,
- schwer verdauliches Essen (ölig, frittiert, Fleisch) und
- Massagen.

Besonders in den ersten beiden Tagen der Periode ist Ruhe das höchste Gebot. Vermeiden Sie anstrengende Erledigungen, Sport und körperliche Betätigungen. Stellen Sie, wenn möglich, Ihren Tageskalender so zusammen, dass Sie nur das Notwendigste machen müssen. Achten Sie darauf, was Sie Ihrem Körper zumuten, und schalten Sie einen Gang zurück, wenn sich Probleme oder

Erschöpfungszustände zeigen. Für berufstätige Frauen mag dieser sehr wichtige Punkt undurchführbar erscheinen, aber vielleicht gibt es doch Möglichkeiten, die Arbeit so zu organisieren, dass Sie etwas Stress herausnehmen können, entweder indem Sie manche Arbeiten vorwegnehmen oder liegen lassen für die Tage danach. Versuchen Sie in jedem Fall, früher Feierabend zu machen, beispielsweise durch Überstundenabbau. Auch bei der Hausarbeit sollten Sie sich tunlichst zurückhalten. Die »perfekte« Ordnung muss hinter Ihren eigenen Bedürfnissen zurückstehen. Der Ayurveda empfiehlt auch während dieser Zeit nicht zu kochen, sondern einfache, leichte Speisen zu sich zu nehmen (viel Gemüse in Form von leichten Suppen, warme Milch, Buttermilch, getoastetes Brot, leichte, bittere Salate). Schlafen Sie möglichst auf der

Ganz wichtig: Während der Periode keine manuellen Therapien durchführen!

Seite, nicht auf Bauch oder Rücken.

Körperliche Pflege

Sie sollten während Ihrer Tage keine Bäder nehmen. Auch Haare waschen, Kopf und Körper ölen und manuelle sowie Ausleitungstherapien sind zu unterlassen. Der weibliche Körper ist in dieser Zeit genug mit sich selbst und seiner Reinigung beschäftigt. Jeder weitere Reiz würde zu einer Störung der Lebensenergie Prana-Vayu führen, die dann wieder ungünstige Effekte auf alle ausführenden Organe hat.

Sexualität

In praktisch allen Naturheilkunden wird davor gewarnt, während der Periode Sex zu haben. Es kann für beide Partner negative Auswirkungen haben. Bei der Frau wird der Blutungs- und Reinigungsprozess unterdrückt oder gestört. Der Mann dagegen kann die ausgeleiteten Schlackenstoffe, die sich im Menstrualblut befinden, aufnehmen und davon krank werden. Lassen Sie sich nicht von so genannten »neuesten Forschungserkenntnissen« in diesem Bereich verrückt machen, die von den »bewiesenen positiven Aspekten« von Geschlechtsverkehr während der Periode sprechen. Aus ayurvedischer Sicht können durch Geschlechtsverkehr auch Menstruationskrämpfe und -schmerzen verstärkt oder ausgelöst werden.

Ende der Periode

Jetzt ist es Zeit, den Körper ausgiebigst zu reinigen und zu pflegen. Ein wohltuendes Kräuterbad mit Rosmarin am Morgen regt den Kreislauf an und soll einen verjüngenden Effekt haben, da es die körpereigenen Östrogene stimuliert. Sie können sich danach mit einem pflanzlichen Öl (Sesam, Olive oder Kokosnuss) einreiben, das Sie vorher mit ein bis zwei Tropfen eines Ihnen angenehmen ätherischen Öls angereichert haben.

Kapitel III: Die weibliche Fruchtbarkeit

»Wenn ein Mann mit gesunden Spermien und eine Frau mit unbelasteten Genitaltrakt, Eizelle und Gebärmutterbecken während der Phase der Fruchtbarkeit zusammenkommen, tritt die Seele (jiva) zusammen mit dem Geist in die befruchtete Eizelle (Zygote) ein, die sich in der Gebärmutter befindet. Dies führt zur Bildung eines Embryos. Er wächst ohne Schaden heran, wenn es von einem gesunden Rasa-Dhatu genährt und von einem guten Lebensstil (der Mutter) unterstützt wird.«[32]

Für jedes Lebewesen auf unserem Planeten spielt die Fortpflanzung eine zentrale Rolle. Denn nur durch ausreichend viele Nachkommen kann die eigene Art erhalten werden. Somit hat der Sexualtrieb nach dem Überlebenstrieb einen immensen verhaltensbestimmenden Einfluss. Im Gegensatz zu den Tieren können wir uns jedoch selbst entscheiden, ob wir unseren Sexualtrieb zur Fortpflanzung oder allein zur Befriedigung nutzen.
Nachkommen sind von jeher in allen Gesellschaften von grundlegender Bedeutung. In den Upanishaden[33] wird der Wunsch nach Nachkommenschaft als Urinstinkt der Menschen bezeichnet. Laut den Veden verheißen Kinder Glück, Wohlstand und Ansehen. Nachwuchs in die Welt zu setzen zählt zu den wichtigsten Pflichten eines weltlichen Menschen. Für den Mann als so genanntem Haushälter und die Frau als Mutter war die Elternschaft ein unersetzlicher Lebensabschnitt. Daher ist laut dem Veda dem normalen Menschen erst nach Erfüllung seiner weltlichen Pflichten der Weg zu den höchsten geistigen Sphären geöffnet.[34]
In wohl keiner anderen Medizin gibt es ein umfangreicheres Sortiment an Medikamenten, Therapie- und Verhaltensmaßnahmen sowie Ernährungsanweisungen, um gesunde Kinder zu bekommen, wie im Ayurveda. Die ayurvedische Heilkunde räumt dem gesamten Bereich, angefangen von der Behandlung der Unfruchtbarkeit bei Frau und Mann über die vorbereitenden Kurmaßnahmen für Schwangere bis über die Stillzeit hinaus, einen so großen Raum ein wie keine andere Naturheilkunde. Im Ayurveda gibt es einen eigenen Fachbereich, der sich ausschließlich mit der Behandlung der Fruchtbarkeit (Aphrodisiaka) sehr intensiv auseinander setzt. Nicht nur angesichts der

immer weiter ansteigenden Zahlen von unfruchtbaren Paaren besonders in der westlichen Welt erscheint dieses umfassende Baby-Hilfs-Management ganz neue Möglichkeiten für eine erfolgreiche und vor allem gesunde Schwangerschaft zu bieten.

Die Fruchtbarkeitsstörung

»Selbst bei einer fruchtbaren Frau kann es zu einer Verzögerung der Empfängnis kommen, weil Probleme auftreten mit der Gebärmutter, den Spermien, der Eizelle, der Psyche, der Ernährung, der täglichen Routine, dem richtigen Zeitpunkt der sexuellen Vereinigung und mangels (körperlicher) Stärke.«[35]

Körperliche Ursachen

Von 1960 bis heute hat sich die jährliche Zahl der Neugeborenen in Gesamtdeutschland halbiert, in den neuen Bundesländern ist sie sogar auf ein Drittel zurückgegangen.

Wenn sich gesunde, junge Paare Nachwuchs wünschen, aber der Erfolg auf Dauer ausbleibt, spricht man von einer Fruchtbarkeitsstörung. In früheren Zeiten, wo auch bei uns der Nachkommenschaft höchste Priorität eingeräumt wurde, waren fast ausschließlich Frauen die »Schuldigen«, wenn eine Ehe kinderlos blieb. Selbst die Berichte in der Bibel über ungewollte Kinderlosigkeit erzählen davon, dass Frauen und nicht Männer die Verursacher dieses Problems waren. Sollten die Männer der Antike oder des Mittelalters wirklich keine Fruchtbarkeitsprobleme gekannt haben? Wohl kaum. Aber andererseits dürfte dieses Phänomen früher tatsächlich nicht so häufig vorgekommen sein wie heute. Dieser Aspekt ist für eine ursächliche Betrachtung nicht unwichtig. Ich behaupte nämlich, dass der enorme Anstieg von unerfülltem Kinderwunsch in unserer Zeit vor allem auf die schwindende Fruchtbarkeit der Männer zurückzuführen ist als auf die der Frauen. Diese Theorie lässt sich auch anhand der Statistik beweisen.
Während sich 1950 noch durchschnittlich 100 Millionen Samenzellen pro Milliliter in der Samenflüssigkeit eines Westeuropäers befanden, sind es heute nur noch 40 bis 60 Millionen pro Milliliter, Tendenz weiter fallend. Verschiedene Studien sprechen von einem jährlichen Rückgang der Samenzellen

von zwei Prozent. Der Anstieg steriler Samenspender stieg von 1,6 Prozent (1980) auf neun Prozent (1993). Aber nicht nur die Anzahl der Samenfäden im Sperma geht rapide zurück, sondern auch deren Qualität und Beweglichkeit. So erhöhte sich der Anteil von Samenspendern mit geringer Qualität der Samenzellen von 5,4 Prozent (1980) auf 45,8 Prozent (1993).[36]
Etwa zwei Millionen Paare in Deutschland, das entspricht zwölf bis 15 Prozent, haben einen unerfüllten Kinderwunsch. Von der Unfruchtbarkeit (Sterilität) sind mittlerweile Männer ebenso häufig betroffen wie Frauen. Die Gründe für die gravierende Zunahme männlicher Sterilität liegen im Dunkeln. Die Spekulationen reichen von Mumpserkrankungen, Atombombenversuchen, Kernkraftwerken, über Impfungen, Antibiotikamissbrauch, Amalgamplomben, Handynetzen bis hin zu Pestiziden und dem Niedergang unserer Nahrungsmittelqualität. Man tappt in der Ursachenforschung genauso im Dunkeln wie mit der Therapie der männlichen Fruchtbarkeitsstörung.

Schätzungen gehen davon aus, dass mittlerweile 40000 Babys jährlich in Deutschland durch die verschiedenen Methoden der künstlichen Befruchtung gezeugt werden.[37]

Im Ayurveda gibt es tatsächlich Möglichkeiten, auf die Anzahl und die Beweglichkeit der Spermien positiv einzuwirken. Auch wenn man mit euphorischen Erfolgsmeldungen vorsichtig umgehen sollte, sind in den letzten Jahren mehr und mehr internationale Studien erschienen, die diese aus medizinischer Sicht unmöglich erscheinenden Erfolge eindeutig bestätigen.[38]
Bei der Frau dagegen sind die Gründe für Fruchtbarkeitsprobleme ganz anders gelagert und weniger kompliziert. Allein schon die Körpergewebe, die an der Empfängnis beteiligt sind, sind bei Mann und Frau völlig unterschiedlich. Beim Mann ist es bekanntlich das Spermium, die kleinste Zelle des Körpers, während bei der Frau die Eizelle die größte Zelle des Körpers darstellt. Eizelle und Spermium sind also nicht nur von der Größe, sondern auch vom Aufbau her so verschieden, wie es zwei Zellen nur sein können.
Aus ayurvedischer Betrachtungsweise ist das Spermium der feinste materielle Ausdruck der Lebenskraft Ojas. Ojas ist natürlich im ganzen Körper tätig, aber die Spermien (Shukra-Dhatu) sind das konzentrierteste Substrat davon.
Die weibliche Eizelle dagegen besteht vor allem aus Plasmagewebe (Rasa-Dhatu), dem ersten Körpergewebe, das aus der Nahrung gebildet wird. Sie ist damit ein relativ unspezifisches Körpergewebe, das dafür jedoch sehr empfindlich und schnell auf Ernährungssünden und falsche Lebensweise reagiert. Wir erinnern uns, die Bildung von Rasa-Dhatu dauert nur einige Stunden und ist abhängig vom Verdauungsfeuer Agni. Wenn Agni nicht richtig brennt oder unverdaubare Nahrung verzehrt wurde, wird Rasa-Dhatu mit Ama beschmutzt.

Je mehr Ama gebildet wird, umso schlechter ist die Qualität von Rasa-Dhatu und somit aller Schleimhäute im Körper. Je mehr Ama, umso schlechter aber auch die Qualität der Eizelle an sich. Ama ist von seinen Eigenschaften her kalt, zäh, klebrig, schleimig und blockierend. Nach einer möglichen Befruchtung durch den Mann können dadurch folgende Komplikationen entstehen.

Alle weiblichen Fortpflanzungsorgane sind vor allem von der Qualität von Rasa-Dhatu abhängig. Je mehr Ama sich in den Körpergeweben wieder findet, umso geringer die Wahrscheinlichkeit einer erfolgreichen Empfängnis.

1. Eine mit Ama verunreinigte Eizelle kann leichter im Eileiter kleben bleiben, was das Risiko einer Eileiterschwangerschaft erhöhen kann.
2. Sie kann schneller einen Mangel an Nährstoffen bekommen, da die Gebärmutterschleimhaut ebenfalls mit Ama verschlackt ist.
3. Die Eigenversorgung der Eizelle ist durch Ama ebenfalls gemindert, wodurch der Transport der Nährstoffe noch weiter gemindert wird.

Die Folge davon ist, dass die Eizelle meist frühzeitig abgestoßen wird oder später im Extremfall Fehlbildungen beim Embryo entstehen können.
Damit ist die enge Verbindung zwischen der Stärke von Agni und der Qualität der weiblichen Eizelle offensichtlich. Jetzt wird vielleicht auch klar, warum es die weibliche Unfruchtbarkeit schon immer gegeben hat. Sie ist im Prinzip eine Verdauungs- und Stoffwechselschwäche, die im Normalfall durch Therapie oder eine gesunde Lebens- und Ernährungsweise wieder beseitigt werden kann. Daher ist es auch möglich, dass viele Frauen sogar ohne Behandlung plötzlich nach Jahren doch noch schwanger werden können, während umgekehrt bei einem unfruchtbaren Mann dies ohne intensivste Behandlung praktisch unmöglich ist. Dies ist ein weiterer Beweis dafür, dass die Unfruchtbarkeit bei Mann und Frau unterschiedliche Therapien erfordert.

Der verpasste Kinderwunsch

Beruf und Karriere, der fehlende oder falsche Partner oder der Wunsch, möglichst lange unabhängig zu sein, um auf Reisen, Hobbys und Sport nicht verzichten zu müssen, sind die häufigsten Gründe für einen zu späten Kinderwunsch. Man bezeichnet dieses neue Phänomen als »verpassten Kinderwunsch«, das immer mehr Frauen in Deutschland betrifft. Jede vierte der nach

1960 geborenen Frauen ist kinderlos geblieben. Von den nach 1970 Geborenen könnte es sogar jede Dritte werden. Ab dem 35. Lebensjahr nimmt die Häufigkeit eines Eisprungs und somit die Fähigkeit, schwanger zu werden, messbar ab: Die Wahrscheinlichkeit liegt davor bei etwa 25 Prozent pro Zyklus und reduziert sich bei einer 42-Jährigen auf nur noch sieben Prozent. Das heißt, statistisch gesehen braucht eine junge Frau vier Monate, um auf natürliche Art und Weise schwanger zu werden, während eine Frau jenseits der 42 schon mit durchschnittlich 15 Monaten rechnen müsste. Aber auch Sterilität als Folge von Unterleibsinfektionen (Chlamydien) durch Geschlechtsverkehr mit unterschiedlichen Partnern ist mittlerweile bei etwa 30 Prozent aller Frauen die Ursache für eine ungewollte Kinderlosigkeit.

Die Behandlung der weiblichen Fruchtbarkeitsstörungen

Die häufigste medizinische Behandlung bei weiblicher Fruchtbarkeitsstörung beschränkt sich in der Regel auf die Gabe von Hormonen einerseits und operativen Eingriffen andererseits, meist der Bauchspiegelung (Laparaskopie). Von wirklicher Heilung kann man dabei nicht sprechen, bestenfalls von der Beseitigung von Hindernissen und Symptomen. Die ayurvedische Medizin dagegen versucht, von Grund auf zu heilen. Ist es nicht viel wichtiger, die Ursache für eine hormonelle Störung zu finden und diese zu behandeln, als einfach nur Hormone zu verschreiben? Oder der Frage nachzugehen, warum die Eileiter sich immer wieder verkleben, anstatt jedes Mal mit hartem Stahl in den empfindlichen weiblichen Unterbauch einzudringen? Aber dennoch kann man manchmal den chirurgischen Eingriff nicht mehr vermeiden. Er sollte jedoch der Weisheit letzter, nicht erster Schluss sein.
Im Ayurveda kann man in den meisten Fällen weiblicher Fruchtbarkeitsstörungen sehr viel tun. Intensive Reinigungskuren (Panchakarma), Heilpflanzen, die effizient den Stoffwechsel verändern und gezielt die gewünschten Gewebe aufbauen, bewirken oft schon große Erfolge. Aber auch, wenn die Ursachen anders gelagert sind, beispielsweise bei hormonellen oder konstitutionellen Störungen gibt es sehr gute Behandlungsmöglichkeiten. Ein kleines Beispiel einer Heilpflanze, deren Heilkraft für den weiblichen Organismus so groß ist, dass wohl keine andere ihr ebenbürtig sein dürfte, ist Shatavari, ein indisches Spargelgewächs.
Die Wirkungen von Shatavari auf den weiblichen Organismus sind so vielfältig, dass ich mich hier nur mit denjenigen beschäftigen werde, die für eine Schwangerschaft am wichtigsten sind. Shatavari reinigt die Schleimhäute der

weiblichen Fortpflanzungsorgane und baut sie optimal für die Schwangerschaft auf. Viele früheren Verletzungen oder Operationen in diesem Bereich können damit wieder regeneriert werden. Shatavari hat auch einen starken hormonstimulierenden Effekt. Hormonelle Störungen können damit ausgeglichen werden, ohne die gefürchteten Nebenwirkungen von Hormonpillen. Auch während der Schwangerschaft ist Shatavari sehr wichtig, da es kaum etwas Besseres für den Embryo gibt, um sein Knochengerüst zu stärken und andererseits die Frau vor Mangelerscheinungen zu bewahren. Aber auch der mental beruhigende Effekt von Shatavari besonders in der Schwangerschaft ist nicht zu unterschätzen. Die konstante Einnahme hilft auch den Geburtsvorgang bestens vorzubereiten und Komplikationen zu mindern.

Wichtige Vorbereitungen für eine Schwangerschaft

»Die Vereinigung von Spermium, Eizelle und der göttlichen Seele in der Gebärmutter wird als Embryo bezeichnet.«40

Die häufigsten Ursachen für eine weibliche Fruchtbarkeitsstörung sind im Gegensatz zur männlichen eher funktioneller Natur und weniger ein substanzielles Problem. Bei der Frau ist von Geburt an alles, was sie braucht, um schwanger zu werden, vorhanden. Selbst sämtliche Eizellen sind bereits beim weiblichen Säugling vollständig angelegt und müssen nur noch für den späteren Menstruationszyklus ausgereift werden. Die Frau muss daher nicht wie der Mann ständig neue Eizellen produzieren, sondern kann auf ein unerschöpfliches Reservoir zurückgreifen. Sie empfängt das werdende Kind und sollte den Körper so vorbereiten, dass nichts dieser Empfängnis im Wege steht.

Aus ayurvedischer Sicht ist für den Erfolg einer Empfängnis vor allem die Qualität von Rasa-Dhatu entscheidend. Rasa-Dhatu, das Grundplasma, das nicht nur alle Körperzellen ernährt und versorgt, sondern in diesem Fall auch den werdenden Embryo. Man könnte dieses Prinzip mit unserer »Mutter Erde« vergleichen. Je besser die Qualität der Erde, umso schneller, kräftiger und häufiger können die Pflanzen auf ihr wachsen. Bei schlechter Erde gedeiht nur wenig und die wenigen Pflanzen sind meist schwach und kümmerlich.

Daraus wird verständlich, dass jede Frau vor einer erwünschten Schwangerschaft eine Reinigungskur (Panchakarma) durchführen lassen sollte. Nur ein gut geschulter ayurvedischer Therapeut kann nach eingehender Untersuchung feststellen, wie sie im Einzelfall auszusehen hat. Diese Kur kann in einer Kurklinik über zwei bis vier Wochen stationär durchgeführt werden, aber auch begleitend zum Alltag, dann aber über einen längeren Zeitraum.

Achtung: Lassen Sie sich nicht vom Begriff *Panchakarma* verführen. Die meisten Ayurveda-Anbieter werben heutzutage mit diesem Wort, ohne dem hohen Anspruch dieser komplizierten Therapie auch nur einigermaßen gerecht werden zu können.

Allgemeine Empfehlungen zur Schwangerschaftsvorbereitung

1. Führen Sie rechtzeitig vor einer geplanten Schwangerschaft bei einem erfahrenen Ayurveda-Therapeuten eine Panchakarma-Kur durch.
2. Achten Sie auf einen geregelten Tagesablauf und regelmäßige Essenszeiten. Gehen Sie zeitig ins Bett.
3. Achten Sie auf eine gesunde Ernährung, die Ihrer Konstitution und Ihrer Verfassung entsprechen. Vermeiden Sie grundsätzlich folgende Speisen: Meeresfisch, Meerestierchen, Meersalz, unverdünnte Obstsäfte (vor allem gemischte) und Nahrung, die irritierend auf die Schleimhäute wirkt (Chili, Rettich, Schimmelkäse). Halten Sie weitgehend die allgemeinen ayurvedischen Ernährungsrichtlinien ein, wie sie im theoretischen Teil kurz angesprochen wurden, und beschäftigen Sie sich mit weitergehenden ayurvedischen Ernährungsbüchern, die darauf noch spezifischer eingehen.[41]
4. Hören Sie auf zu rauchen. Nikotin mindert die Fruchtbarkeit der Frau (übrigens beim Mann noch mehr).
5. Vermeiden Sie regelmäßigen Alkoholkonsum, besonders Bier, Weißwein und natürlich Hochprozentiges.[42]
6. Vermeiden Sie Stress, besonders beruflichen. Setzen Sie die Priorität auf die bevorstehende Schwangerschaft, weniger auf Beruf oder andere Dinge.
7. Vermeiden Sie harte körperliche Anstrengungen.
8. Bereiten Sie sich vor allem geistig auf das Schwangerwerden vor. Fangen Sie an zu meditieren, beschäftigen Sie sich mit allen Themen der Schwangerschaft, machen Sie in Gedanken Visualisierungen, um Ihren gesamten Organismus optimal darauf vorzubereiten. Aber verkrampfen Sie sich dabei nicht! Oft ist man erfolgreicher, wenn man die Dinge auch loslassen kann.
9. Machen Sie sich keinen Stress, um auch sicher zum »optimalen« Zeitpunkt Geschlechtsverkehr zu haben. Schlafen Sie nur mit Ihrem Mann, wenn Sie

in der richtigen Stimmung dazu sind, also mit einem ausgeglichenen, klaren und liebenden Geist.

10. Und vergessen Sie niemals: Die Empfängnis ist ein heiliger und kein rein mechanischer Akt. Eine Schwangerschaft ist eine Gnade unseres Schöpfers, die wir genauso *empfangen* müssen. Trotz bester Voraussetzungen kann es jedoch manchmal lange dauern. Niemand kann es erzwingen. Versuchen Sie, Gott oder eine höhere geistige Führung darum zu bitten, Ihnen diesen Herzenswunsch zu erfüllen.

Kapitel IV: Die schwangere Frau (Garbhini)

»Der Fötus wird ohne Schwierigkeiten geboren, zur rechten Zeit, ohne Schmerzen, wenn die Spermien, die Eizelle, die Gebärmutter im besten Zustand sind und die Zeit der sexuellen Vereinigung unter besten Bedingungen abläuft und die Frau während der Schwangerschaft gesunde Nahrung zu sich nimmt.«[43]

Wie und wann dieses große Geheimnis stattfindet, kann niemand genau sagen, aber wenn es dann zu einer Schwangerschaft kommt, erscheint es schon wie ein Wunder, wie schnell der weibliche Organismus sprichwörtlich auf den Kopf gestellt wird. Große »Umbauarbeiten« müssen im weiblichen Körper stattfinden, damit die befruchtete Eizelle nicht wieder abgestoßen wird. Und außerdem müssen optimale Wachstumsbedingungen bereitgestellt werden. Die Gebärmutterschleimhaut, die bisher etwa alle 28 Tage regelmäßig abgestoßen worden ist, muss jetzt behalten werden. Über sie findet die Verbindung und Versorgung von Mutter zu Embryo statt. Denn aus ihr heraus und aus den Keimzellen der befruchteten Eizelle (Zygote) entsteht später die Plazenta, die zentrale Versorgungsstation des Embryos. Das Menstrualblut (Arthava) wird aus ayurvedischer Sicht umgewandelt und fließt jetzt in Richtung der Brüste, um dort die später benötigte Muttermilch (Sthanya) zu bilden. Der ganze weibliche Organismus ist auf Wachstum, Weichheit und Ausdehnung programmiert.

Kennzeichen einer Schwangerschaft

Die frühesten körperlichen Symptome einer Schwangerschaft sind Anzeichen von Schwere und Müdigkeit, ausgelöst durch Wasseransammlungen im Mund und im Körper. Außerdem kann es zu übermäßigem Speichelfluss kommen, der zu lästiger Übelkeit und sogar zum Erbrechen führen kann. Schwangerschaftserbrechen ist eine konstitutionelle Problematik und sicherlich nicht leicht in den Griff zu bekommen. Man kann jedoch durch eine vorherige Panchakarma-Kur vor allem bei Kapha-Konstitutionen erreichen, dass das Erbrechen gar nicht erst so stark auftritt. Vor allem jedoch wird dadurch die Gefahr übergroßer Ödeme im Körper verhindert, die vielen Schwangeren vor allem in den letzten Monaten zu schaffen machen.

Rezept gegen Sodbrennen und Übelkeit

Zutaten:
10 Tropfen Zitronensaft
½ TL Rohrzucker
½ TL Kaisernatron
1 Glas Wasser

Geben Sie den Zitronensaft, den Rohrzucker und das Kaisernatron in das Wasser und trinken Sie es.

Wechselhaften Essensgelüsten nach verschiedenen Geschmäckern müssen Sie unbedingt nachgeben. Dabei sollten Sie jedoch ungesunde Lebensmittel vermeiden und dieses natürliche Verlangen mit gesunder Nahrung in vernünftigem Maß stillen.

Gleichzeitig mit der Übelkeit tritt oft eine Geruchs- und Geschmacksüberempfindlichkeit auf. Die Schwangere verträgt wenig, der Appetit ist gering, obwohl der Hunger oft groß ist. Nach einiger Zeit treten wechselnde Essensgelüste nach verschiedenen Geschmacksrichtungen auf, denen die Schwangere in den ersten fünf Monaten unbedingt nachgeben muss. Das soll jedoch kein Freibrief zur hemmungslosen Schlemmerei sein. Essensgelüste nach minderwertigen Lebensmitteln (Chips, Schokolade, Cola) und so genanntem »junk food« ist nicht zu verwechseln mit dem natürlichen Verlangen nach wechselnden Geschmacksrichtungen. Diese sollten Sie selbstverständlich nur mit gesunder und keineswegs mit schlechter Nahrung befriedigen.
Und es geschieht noch mehr im weiblichen Körper: Auch Augen und Brüste können sich schwer anfühlen. Erste Wasseransammlungen in den Füßen können auftreten. Bis zum vierten oder sogar fünften Monat ist es normal, dass die Schwangere sogar etwas an Gewicht verliert. Müdigkeit und Trägheit begleiten Sie etwa bis zum fünften Monat, erst dann stellt sich meist mehr Stabilität ein. Die nächsten Schwangerschaftsmonate sind vom Wachstum und Kräftigung des Embryos gekennzeichnet. Appetit und Hunger sollten sich jetzt langsam steigern, während die unangenehmen Schwangerschaftsbegleiterscheinungen wie Übelkeit und Erbrechen langsam nachlassen sollten.

Vor allem ist es wichtig, dass das Körpergewicht der werdenden Mutter beginnt, sich stetig zu steigern. Ideal wäre es, wenn Sie am Ende der Schwangerschaft Ihr Gewicht je nach Konstitution zwischen elf und 16 Kilogramm steigern würden. Alles darunter oder darüber ist nicht empfehlenswert und kann bei Mutter und Kind zu Problemen führen, die nicht selten über die Geburt hinaus anhalten. Um rechtzeitig entgegenzuwirken, wiegen Sie sich am besten jeden Morgen und notieren Sie sich Ihr Gewicht. Oft tauchen bei einer übermäßigen Gewichtszunahme weitere körperliche Probleme auf, wie beispielsweise Ödeme, Krampfadern oder Müdigkeit.

Die Entwicklung des Embryos

Die ersten beiden Monate

Ob eine befruchtete Eizelle tatsächlich neues Leben hervorbringt, ist in erster Linie von Ojas, dem feinstofflichen Lebensnektar abhängig. Ojas spielt auch während der gesamten Schwangerschaft eine entscheidende Rolle bei der Entwicklung des werdenden Kindes. Nach der Befruchtung im Eileiter, nistet sich die Eizelle in der Gebärmutterschleimhaut (Cervix) ein. Man nennt sie in diesem Stadium Gelbkörper. Dieser gibt unmittelbar nach der Einnistung ein so genanntes Gelbkörperhormon ab, sodass die Cervix nicht wie bisher abgestoßen wird, was ansonsten zu einer neuen Menstrualblutung führen würde. In den nächsten Tagen kommt es durch Zellteilung zu einem schnell wachsenden Zellhaufen, der sich bald in verschiedene Zellarten unterteilt. Bereits am 22. Tag, der Fötus ist gerade wenige Millimeter groß, beginnt das winzige Herz erstmals zu schlagen. Auch hier ist Ojas der entscheidende Faktor, der das Herz des Embryos von alleine schlagen lässt.

»Bei der Empfängnis ist Ojas die Essenz von Eizelle und Spermium. Nach der Vereinigung von Eizelle und Spermium ist Ojas der Sitz der Seele. Im zweiten Stadium ist es das flüssige Material (Dotter), das den Embryo umgibt und ernährt. Und im dritten Stadium, wenn die Ausreifung der Organe entsteht, beginnen sie durch Ojas mit deren selbständiger Tätigkeit. (...) Der Einzug von Ojas im Herzen lässt den Herzschlag beginnen (am 22. Tag nach der Befruchtung).«

Ernährungstipp:

Trinken Sie besonders vor dem Schlafen ein bis zwei Tassen leicht warme Süßholzmilch oder Milch mit etwas Rohrzucker und essen Sie, so viel Sie möchten.

Rezept

Süßholzmilch

Zutaten:
½ TL Süßholzwurzel
1 Tasse Milch
1 Tasse Wasser

Süßholzwurzel, Milch und Wasser zusammen in einen Topf geben und alles so lange köcheln lassen, bis nur noch eine Tasse Milch übrig ist.

Der dritte Monat

Dieser Monat stellt eine entscheidende Phase der Schwangerschaft dar, weil der Embryo jetzt aus ayurvedischer Sicht ein eigenes Lebewesen ist. Die Sinnesorgane werden gebildet und die Plazenta, das große Verbindungsorgan zwischen Mutter und Embryo beginnt mit seiner Arbeit. Man nennt diese Phase im Ayurveda, das Zwei-Herzen-Stadium (dauhrda), weil der Embryo einen eigenen Herzschlag und bereits eigene Wünsche und Vorlieben hat. Das Herz des Embryos entsteht direkt aus der mütterlichen Quelle und ist über spezielle Kanäle direkt mit dem Herzen der Mutter verbunden.
Alle Essensgelüste, aber auch emotionale Vorlieben des Embryos werden unmittelbar von der Mutter wahrgenommen. Sie entspringen also keineswegs der Mutter selbst, sondern sind Botschaften des kleinen Wesens in ihrem Bauch. Daher ist die maßvolle Erfüllung dieser Wünsche für die Entwicklung des Embryos immens wichtig.
Während des dritten Monats werden alle Grundstrukturen und Organe des Fötus angelegt. Es ist die Phase, in der sich der Körper immer weiter spezialisiert und differenziert. Die fünf Elemente (Mahabhutas) setzen den göttlichen Bauplan in Schöpfung um.

Ernährungstipp:

Ghee, Honig, leicht angewärmte Milch

Rezept von *Ghee*

Zutaten:
1–2 Kilogramm gute Sauerrahmbutter

Die Butter in einem großen Topf langsam erhitzen und auf mittlerer Stufe köcheln lassen. Nach etwa ein bis zwei Stunden – je nach Menge – beginnt der Bodensatz braun zu werden. Den Topf dann vom Herd nehmen, die flüssige Butter abkühlen lassen und dann durch einen feinen Filter durchlaufen lassen. Am besten das Ganze im verschlossenen Glas bei Zimmertemperatur aufbewahren.

Der vierte Monat

Nun differenziert sich der Körper des Embryos weiter und er beginnt langsam an Größe und vor allem an Gewicht zuzunehmen. Die Schwangere fühlt in diesem Monat oft eine extreme Schwere im Körper.

In diesem Monat ist es wichtig, möglichst viel Butter zu sich zu nehmen, wenn sie vertragen wird.

Der fünfte Monat

Neben dem immer schneller fortschreitenden Wachstum des gesamten Embryos wird in diesem Monat vor allem das Muskelgewebe (Mamsa-Dhatu) und das Blutgewebe (Rakta-Dhatu) aufgebaut. Die werdende Mutter kann daher sehr dünn und mager werden. Süße Nahrung und auch etwas Fleisch beispielsweise als Fleischsuppe sind daher in dieser Phase besonders wichtig.

Der sechste Monat

In dieser Zeit wird Ojas im Körper des Embryos mehr und mehr aktiv. Es bilden sich jetzt vor allem die Stärke und die Ausstrahlung des Embryos. Auch Haare, Nägel und die Hautfarbe entstehen. Die Schwangere kann in dieser Zeit vermehrt matt, wenig Ausstrahlung haben und kraftlos wirken.

Ernährungstipp: Ghee oder am besten Süßholzghee (Radix Liquiritae).

Rezept von *Süßholzghee*

Zutaten:
100 g Süßholzwurzel
800ml Wasser
400ml Ghee

Bei Bedarf:
Milch, Brot

Die Süßholzwurzel im Wasser bis auf 400 Milliliter einkochen. Danach abseihen und mit dem Ghee so lange kochen, bis nur noch das Ghee selbst übrig ist.
Dann am besten ein Teelöffel Süßholzghee zusammen mit warmer Milch zwei- bis dreimal am Tag trinken oder mit etwas getoastetem Brot essen.

Der siebte Monat

Der Embryo ist jetzt vollständig ausdifferenziert. Von nun an werden alle Körpergewebe und Organe nur noch wachsen und immer kräftiger.

Ernährungstipp: Ghee oder am besten Balaghee (Sida Cordifolia).

Rezept von *Balaghee*

Zuaten:
100 g Balakraut
800ml Wasser
400ml Ghee

Die Balakraut im Wasser bis auf 400 Milliliter einkochen. Danach abseihen und mit dem Ghee so lange kochen, bis nur noch das Ghee selbst übrig ist.

Dann am besten ein Teelöffel Balaghee zusammen mit warmer Milch zwei- bis dreimal am Tag trinken oder mit etwas getoastetem Brot essen.

Der achte Monat

In dieser Zeit kommt es oft zu Schwankungen von Ojas. Ojas wandert durch die Verbindungskanäle zwischen Embryo und Mutter hin und her, und die Schwangere fühlt sich daher emotional oft sehr unausgeglichen, manchmal voller Freude, dann wieder niedergeschlagen und traurig, je nachdem, wo Ojas sich gerade befindet. Wenn die werdende Mutter in dieser Zeit unvernünftig lebt, kann sogar eine Frühgeburt eintreten.
Es ist ein wichtiger Monat, in dem die Schwangere besonders vorsichtig sein sollte mit emotionalem Stress und Reisen. Meditationen und Ruhe sind hier die wichtigsten Helfer, um Komplikationen zu vermeiden. Beim Yoga sind nun alle Übungen wichtig, bei denen die Füße hochgehalten werden, und umgekehrt alle Übungen verboten, bei denen Abwärtsdruck auf den Unterleib und das Becken ausgeübt wird.

Der neunte Monat

In dieser Phase stabilisiert sich Ojas wieder, und die Geburtsvorbereitungen können beginnen

Allgemeine Empfehlungen für Schwangere

Geeignete ayurvedische Heilpflanzen, die während einer Schwangerschaft eingesetzt werden, sollten

- eine sanfte Wirkung haben,
- beruhigend sein,
- leicht kühlend sein,
- aufbauen und kräftigen und
- antiabortiv sein.

Eine Schwangerschaft ist bei einer gesunden Frau nicht wie eine Krankheit zu behandeln, auch wenn viele Ärzte mitunter versuchen, Sie von der dringenden Notwendigkeit zahlreicher Untersuchungen und der Einnahme von Spurenelementen zu überzeugen. Aus ayurvedischer Sicht jedoch sollte man mit Präparaten während dieser wichtigen Zeit äußerst sparsam umgehen und wenn, nur Heilpflanzen mit sanfter Wirkung einsetzen. Abbauende, scharfe, spitze, entgiftende und abführende Präparate sind unbedingt zu vermeiden.

Unbedingt einnehmen müssen Sie jedoch ärztlich verordnete Medikamente zur Behandlung von Krankheiten oder Komplikationen, die während der Schwangerschaft eintreten! Beispielsweise Bluthochdruck, Diabetes oder Organkrankheiten.

Die Schwangerschaft ist trotzdem ein Zustand, der einige Veränderungen im Verhalten der werdenden Mutter erforderlich macht. Dabei möchte ich zunächst drei weit verbreiteten Ansichten entgegentreten:

1. Irr-These

»Eine Schwangere muss für zwei essen.«

Diese unsinnige Meinung hört man immer wieder, ist aber schon längst überholt. Dass man für ein etwa 3000 Gramm schweres Neugeborenes nicht zwanzig und mehr Kilogramm zunehmen muss, versteht sich von selbst. In einer normalen Schwangerschaft wird zudem die werdende Mutter nach anfänglichen Überempfindlichkeiten wie Übelkeit und Erbrechen ohnehin einen gesunden Appetit entwickeln. Daher müssen viele Schwangere in ihrer Esslust eher gebremst als gefördert werden. Auch heute noch leiden die meisten Schwangeren häufiger an Übergewicht als an Untergewicht. Die Risiken wie Diabetes, Bluthochdruck, Schwangerschaftsvergiftung (Gestose) oder Wassereinlagerungen (Ödeme), die so während der Schwangerschaft entstehen können, sind vor allem für das Ungeborene sehr gefährlich. Es ist jedoch ebenso unsinnig, zu wenig zu essen oder sich zu kasteien. Alles Weitere zum Thema Ernährung finden Sie im Verlauf dieses Kapitels (siehe ab Seite 105).

Die optimale Gewichtszunahme einer Schwangeren sollte je nach Konstitution zwischen elf und 16 Kilogramm liegen.

2. Irr-These

»Schwangerschaft ist wie eine Krankheit zu behandeln.«

Eine Schwangere sollte jedoch sehr achtsam mit Beschwerden oder gar Krankheitszeichen umgehen. Besonders jede Art von Unterleibsblutungen oder wehenartige Schmerzen während der Schwangerschaft sollten unbedingt klinisch abgeklärt werden.

Wenn Sie nicht sehr achtsam sind, dann kann es Ihnen trotz bester Gesundheit passieren, dass Sie während der Schwangerschaft in die Mühlen klinischer Diagnostik geraten. Da werden Blutbilder gemacht, Ultraschalluntersuchungen, schlimmstenfalls sogar Fruchtwasseruntersuchungen. Im Grunde ist ein Blutbild zu Beginn der Schwangerschaft zwar empfehlenswert, aber wenn Sie gesund, nicht älter als 40 Jahre sind und sich an die Empfehlungen in diesem Buch halten, wäre es unnötig, in der ganzen Zeit öfter als zwei- bis dreimal zum Frauenarzt zu gehen, um weitere Untersuchungen zu machen. Ultraschalluntersuchungen sind nicht unbedenklich. Viele Studien behaupten zwar, dass der Ultraschall keinen Einfluss auf den Fötus hat, aber es gibt auch andere Untersuchungen, die zu gegenteiligen Resultaten kommen. Physikalisch gesehen ist es auch keineswegs abwegig, da der Schall sich, wie man ja vom Gesang von Walen und Delphinen her weiß, im Wasser sehr weit ausbreitet. Da wir davon ausgehen müssen, dass der Fötus mit seinem jungfräulichen Nervensystem auf Geräusche und Störungen von außen extrem empfindlich reagiert, sollten Sie sehr vorsichtig damit umgehen. Untersuchungen haben gezeigt, dass viele Föten während der Ultraschalluntersuchung sehr unruhig werden. Daher wird mittlerweile auch allen Ärzten empfohlen, den Ultraschall nicht in die Nähe der Ohren des Fötus zu halten. Ganz zu schweigen von der klinischen Notwendigkeit einer solchen Untersuchung. Wenn in Ihrer Familie keine Organdefekte oder Erbkrankheiten bekannt sind, warum sollte dann ausgerechnet Ihr Kind missgebildet sein? Die allermeisten Schwangerschaften mit missgebildeten Embryos werden ohnehin auf natürliche Art und Weise vorzeitig beendet. Die Natur weiß es besser und wir sollten sie nicht bei der Schöpfung unnötig stören. Es mag zwar schön sein, ein erstes Foto von seinem Nachwuchs in Händen zu halten, aber bei der Gesundheit des Embryos hört der Spaß darüber auf.[45]

Vielen älteren Frauen wird sogar zu einer Fruchtwasseruntersuchung (Amniozentese) geraten, um eine genetische Missbildung auszuschließen. Sie sollten sich jedoch grundsätzlich darüber im Klaren sein, ob Sie ein behindertes Kind

austragen würden oder nicht, und ob so eine Untersuchung für Sie überhaupt in Frage kommt. Bei der Fruchtwasseruntersuchung wird eine Nadel, die mit Ultraschall geführt wird, in Bauch und Gebärmutter eingeführt. Dabei wird eine Probe vom Fruchtwasser entnommen und untersucht. Dieses Verfahren ist für den Embryo sehr gefährlich. Das Risiko einer Fehlgeburt wird auf ein bis 1,5 Fälle pro 100 Schwangerschaften geschätzt. Je früher eine Fruchtwasseruntersuchung durchgeführt wird, umso höher steigt dieses Risiko an. Außerdem kann sie zu falschen Ergebnissen führen. Ganz zu schweigen von den ethischen und psychischen Problemen, die eine späte Abtreibung mit sich bringt, da eine solche Untersuchung erst ab der 16. bis 18. Schwangerschaftswoche einigermaßen sichere Resultate bringt.
Seit einigen Jahren sind es vor allem die unabhängigen Hebammen, die wieder versuchen, eine andere, natürlichere Richtung in der Schwangerschaftsvorsorge einzuschlagen. Sie nehmen sich in der Regel ungewöhnlich viel Zeit für Beratung, Ernährung, Schwangerschaftsgymnastik und Geburtsvorbereitungen. Die Beziehung zwischen freier Hebamme und werdender Mutter führt oft zu einem engen Vertrauensverhältnis, das sich besonders später bei der Geburt sehr bewährt.
Aber auch die Naturheilkunde erlebt gerade in diesem Bereich eine Renaissance. Viele Hebammen begleiten ihre Schwangeren mittlerweile erfolgreich mit Heilpflanzen und Homöopathie. Die so genannte sanfte Geburt im eigenen Haus oder im Geburtshaus der Hebammen hat zu Recht die letzten Jahre immer größeren Zulauf erhalten. Alle Beteiligten können sich hierbei ganz auf dieses einschneidende Erlebnis konzentrieren und müssen sich keinem Zeitdruck oder Massenbetrieb im Krankenhaus beugen.

3. Irr-These

»Eine Schwangere hat einen Mangel an Vitaminen, Mineralien und anderen Spurenelementen und sollte sie deshalb künstlich zuführen.«

Auch diese Ansicht ist sehr weit verbreitet, verkennt aber die physiologischen Gegebenheiten. Viele Frauenärzte scheuen sich nicht, allerhand Empfehlungen für die Einnahme von Spurenelemente bei Schwangeren abzugeben, obwohl viele dieser neuesten wissenschaftlichen Erkenntnisse auf wackligen Annahmen basieren. Einer Schwangeren wird demnach dringend angeraten, zusätzlich Folsäure, Vitamin B12, Eisen, Kalzium, Magnesium, Jod, Fluor, Vitamin D und K einzunehmen. Der weibliche Organismus scheint also nach gängiger Lehrmeinung nicht mehr selbst in der Lage zu sein, zu funktionieren und vor allem seine Nachkommenschaft richtig zu versorgen, wenn wir ihn nicht an einen künstlichen Vitamintropf hängen.

Eine werdende Mutter hat einen erhöhten Bedarf an praktisch allen Nährstoffen, auch an Spurenelementen. Gleichzeitig hat es die Natur jedoch so eingerichtet, dass der Organismus der schwangeren Frau viel mehr dieser Spurenelemente aufnehmen kann. So hat man bereits vor Jahrzehnten herausgefunden, dass Schwangere deutlich mehr Kalzium und Eisen aufnehmen können als Nichtschwangere. Der Körper öffnet seine Rezeptoren, um mehr aus der angebotenen Nahrung herausholen zu können. Ein kluger Schachzug, der allerdings durch die unüberlegte Zugabe von Spurenelementen gestört und zunichte gemacht wird. Dies kann dann sogar ironischerweise im Laufe der Zeit zu Mangelerscheinungen führen, weil die Körperzellen durch den Überfluss diesen Stoffen gegenüber blind gemacht werden. Sie können dies mit einem Hund vergleichen, der immer weniger folgt, je lauter Sie ihn rufen. Irgendwann können Sie noch so laut schreien, er wird Sie einfach überhören, weil er total abgestumpft ist.

Es gibt mittlerweile viele Vitaminapostel in der medizinischen Gesellschaft. Der ganze Sektor mit Nahrungsergänzungen in Form von Selbstmedikamentation mutiert mittlerweile in einen riesigen Geschäftszweig, von dem jeder sein Stückchen abhaben will. Viele Spurenelemente sind synthetisch hergestellt und allein schon deshalb nicht empfehlenswert. Aber selbst bei den natürlichen Produkten stellt sich die Frage, was macht die allgemeine künstliche Zuführung (Substitution) für einen Sinn, vor allem in Form einer Selbstmedikamentation? Woher wollen Therapeuten oder die Betroffene wissen, welche Spurenelemente zugeführt werden müssen und welche nicht? Vitamine und Spurenelemente sind nichts anderes als Medikamente in einer besonderen Form, die jedoch nicht den strengen Auflagen des Arzneimittelgesetzes unterliegen. Somit kann jeder überall Vitamine anbieten und das erweckt beim Konsumenten die irrige Annahme, dass solche Präparate völlig ungefährlich sind. Nach dem Motto, entweder es hilft, und wenn nicht, dann schadet es zumindest nicht. Ernähren Sie sich gesund, einfach und abwechslungsreich, mit frischer möglichst biologischer Kost, und es dürfte keinen Grund geben, warum Sie dann Mangelerscheinungen bekommen sollten. Und das gilt prinzipiell auch für Schwangere, die jedoch auf eine gesunde Kost noch mehr achten müssen. Wenn Sie sich gut auf die Schwangerschaft vorbereiten, vorher eine Entgiftungskur machen und rechtzeitig mit gesunder Ernährung beginnen, brauchen Sie keine von den oben erwähnten Spurenelementen zusätzlich einzunehmen, und schon gar nicht synthetische. Als Vorbeugung gegen eventuelle Mangelerscheinungen kann man sich selbstverständlich entsprechende Heilpflanzen oder Tees von seinem Heilpraktiker oder naturheilkundlichen Arzt verschreiben lassen. Der Körper kann dadurch die Spurenelemente auf natürliche Art und Weise aufnehmen und verwerten. Und falls in speziellen Fällen doch Vitaminpräparate zugeführt werden müssten, sollten Sie sich diese von Ihrem Therapeuten genau verordnen lassen und nicht selbst medikamentieren.

Wenn ein Medikament eine Wirkung hat, muss es auch zu Nebenwirkungen kommen. Ein Medikament dagegen, das keinerlei Nebenwirkungen hat, ist wirkungslos.

Allgemeine Empfehlungen zu den einzelnen Spurenelementen

Folsäure

Eine Ausnahme mag für die Einnahme von Folsäure gelten, einem B-Vitamin, das gerade zu Beginn der Schwangerschaft eine entscheidende Rolle bei der nervalen Entwicklung des Embryos spielt. Da ein Folsäuremangel gerade in den ersten acht Wochen zu großen Schäden beim Embryo führt und einige Frauen durch Fehlernährung, Verdauungsstörungen, Alkoholmissbrauch oder durch Medikamente (Kortison, Antibabypille) niedrige Folsäurewerte haben, muss man hier eventuell eine Zeit lang – am besten schon vor der Empfängnis – substituieren. Missbildungen wegen Folsäuremangel entstehen zwar sehr selten, sollten aber vorgebeugt werden.

Folsäure wird beim Kochen zum großen Teil zerstört, daher sollten Sie immer einen gewissen Rohkostanteil essen.

Folsäurehaltige Nahrungsmittel sind Leber (nicht empfehlenswert *während* der Schwangerschaft), Spinat, Blattsalate, Mangold, Kohlarten, Milchprodukte, Eigelb, Kartoffeln, Reis, Hülsenfrüchten, Kirschen, Erdbeeren, Orangen, Trauben und Hefe.

Eisen

Eisen spielt in der Schwangerschaft eine bedeutende Rolle. Es ist wichtig für die Entwicklung der Organe und das Wachstum des Babys. In der Schwangerschaft erhöht sich die Blutmenge, und der Organismus benötigt daher die doppelte Eisenmenge.
Eisenpräparate sind während der Schwangerschaft ganz selten notwendig oder können über ayurvedische oder einheimische Heilpflanzen (Brennnesseltee, Kräuterblutsaft) oder homöopathische Mittel (Schüßlersalze) bestens reguliert werden.
Darüber hinaus kann die künstliche Eisenzunahme zu Verdauungsstörungen der Mutter und zu starken Blutungen bei der Geburt führen. Sie sollte vor allem in den letzten vier Schwangerschaftsmonaten unterlassen werden.

Eisenhaltig sind grünes Blattgemüse, Hülsenfrüchte, Hirse, Fleisch und Nüsse.

Vitamin C, in Form eines frisch gepressten Orangensafts zum Essen, unterstützt die Eisenaufnahme.

Rezept gegen Schwangerschaftsübelkeit und bei geringen Eisenwerten

Zutaten:
3/4 l Brennnesseltee
1 EL Jaggery(Palmzucker)

Den Brennnesseltee mit dem Jaggery über den Tag verteilt trinken. Dieser Tee muss jedoch – um seine Wirkung zu entfalten – über längere Zeit täglich getrunken werden.

Kalzium und Vitamin D

Die Menge an Kalzium, die wir über die Nahrung täglich zu uns nehmen, ist mehr als ausreichend. Der erhöhte Bedarf bei der Schwangeren wird allein schon durch eine verbesserte Aufnahme über den Darm gedeckt. Kalzium sollte, wenn überhaupt, entweder durch Nahrungsmittel, Heilpflanzen oder homöopathische Verreibungen (Schüßlersalze) zusätzlich zugeführt werden. Im Zusammenhang mit Kalzium wird auch gerne das so genannte »Vitamin D«.verschrieben, das jedoch weniger ein Vitamin als ein Hormon ist. Vitamin D ermöglicht die Einlagerung von Kalzium und Phosphor in die Knochen. Kann der Knochen allerdings kein Kalzium mehr aufnehmen, wird es in

die Gefäße (Arteriosklerose) oder in wichtige Organe, besonders der Niere, eingelagert. Dieser sehr gefährliche Effekt ist eventuell später bei Kleinkindern wieder rückgängig zu machen. Ältere Kinder oder Erwachsene haben ein Leben lang unter diesen Verkalkungen zu leiden.
Um eigenes Vitamin D zu produzieren, braucht der menschliche Körper Sonnenlicht (Spaziergänge), Bewegung und eine ausgewogene Ernährung, also nur Dinge, die eine Schwangere sowieso unbedingt befolgen sollte. Für den Säugling beinhaltet die Muttermilch ausreichend Vitamin D. Daher ist es besser, die Finger von Vitamin D zu lassen und gesund zu leben.

Vitamin D findet man in folgenden Nahrungsmitteln: Leber, Lebertran, Eier, Milch, Pilze.

Empfehlenswerte kalziumreiche Nahrungsmittel: Milch, Butter, Ghee, Buttermilch, Quark, Grünkohl, Spinat, Brokkoli und Nüsse.

Rezept gegen Kalziummangel und zur Stärkung der Knochen Shatavarimilch

Zutaten:
1 TL Shatavaripulver
1/2 TL Ingwerpulver
1 Tasse Wasser
1 Tasse Milch
Rohrzucker

Das Shatavaripulver und das Ingwerpulver so lange in dem Milch-Wasser-Gemisch einkochen bis nur noch eine Tasse Milch übrig ist. Danach mit etwas Rohrzucker vor dem Schlafen warm trinken.

Magnesium

Ähnlich wie Kalzium ist Magnesium das wohl mit am häufigsten missbrauchte Medikament in unserer Gesellschaft. Es wirkt hervorragend, um nervöse und gestresste Menschen wieder zu beruhigen. Es ändert jedoch nichts an einer ungesunden und überspannten Lebensweise. Menschen, die auf Dauer viel Magnesium einnehmen, mangelt es oft an einer positiven Grundeinstellung.
Neugeborene, die zu viel Magnesium in der Schwangerschaft mitbekommen haben, sind oft sehr unruhig, unzufrieden, angespannt, entwickeln sich schlecht und riechen sehr säuerlich. Gerade eine Schwangere, die unter Stress und Über-

lastung leidet, sollte sich im Interesse ihres Embryos nicht mit Magnesium beruhigen, sondern versuchen, ihr Leben zu ändern und sich mehr zu entspannen.

Magnesiumreiche Nahrungsmittel: Samen, Nüsse, ungeschälter Reis, Hülsenfrüchte, Kakao, Getreide und biologisches Gemüse.

Man sollte allerdings nicht vergessen, für ausreichend Bewegung zu sorgen und spazieren zu gehen.

Vitamin K

Dieses fettlösliche Vitamin wird in der Leber gebildet und ist im Organismus dafür zuständig, dass Blutungen schnell wieder verschlossen werden können. Die Geburt ist für das Baby ein sehr anstrengender Vorgang, der mitunter Verletzungen verursachen kann. Bei vier von 100.000 Neugeborenen besteht die Gefahr einer schweren Hirnblutung. Daher raten Ärzte, dem Säugling Vitamin K unmittelbar nach der Geburt als Injektion oder als Tropfen zu geben. Einfacher und natürlicher ist es jedoch, das Neugeborene innerhalb der ersten Stunde an die (rechte) Brust der Mutter zu halten, da diese Vormilch besonders reich an Vitamin K ist.
Vitamin K steht im Verdacht Krebs zu begünstigen, und da das Risiko schwerer Blutungen für den Neugeborenen so gering ist, sollte man nur bei schweren Geburten am besten in Tropfenform dosiert etwas Vitamin K verabreichen.
Auch bei anderen Vitaminen weiß man, dass sie in der Schwangerschaft zu Problemen und Komplikationen führen können. Ein erhöhte Zufuhr von Vitamin A und deren Abkömmlinge beispielsweise führen zu schweren Missbildungen beim Fötus. Daher wird die zusätzliche Einnahme von Vitamin A jeder gebärfähigen Frau untersagt, da der Vitamin A-Spiegel bis zu zwei Jahre braucht, bis er wieder vollständig abgebaut ist. Auch die Einnahme der anderen fettlöslichen Vitamine (D, E, K) können sich im Körper anreichern und unerwünschte Nebenwirkungen auslösen. Sie sind daher grundsätzlich abzulehnen. [45]

Vor der Einnahme folgender Vitamine während der Schwangerschaft wird auch von der modernen Medizin dringend gewarnt: – Vitamin A – Vitamin E

Die körperlichen Bedürfnisse (Vegas)

Folgen Sie Ihrer inneren Stimme und Ihren körperlichen Bedürfnissen. Besonders folgende Bedürfnisse (Vegas) sollten Sie nicht unterdrücken oder hinauszögern:

- Stuhlgang
- Harndrang
- Blähungen

Die wichtigste Regel für eine Schwangere gleich vorweg: Bitte ignorieren Sie die Bedürfnisse Ihres Körpers nicht. Eine schwangere Frau ist in einem besonderen Zustand und hier gilt: Hören Sie auf Ihre höhere Intelligenz! Sie werden mit der Zeit so fein und sensitiv, dass Sie Ihrer inneren Stimme ruhig vertrauen dürfen, ja unbedingt müssen. Wenn Sie auf Toilette müssen, dann gehen Sie bitte möglichst schnell, auch wenn sich Ihre Blase mit zunehmender Schwangerschaft immer schneller meldet. Auch alle anderen körperlichen Zwänge (Vegas) wie Husten, Niesen, Durst oder Hunger sollten Sie niemals unterdrücken oder aufschieben, sondern ihnen möglichst schnell nachgeben.

Tipps gegen Verstopfung

- Ein bis zwei Teelöffel Flohsamen in heißem Wasser ziehen lassen und vor dem Schlafen trinken.
- Warme Milch mit Rohrzucker und Ghee hat eine leicht abführende Wirkung.
- Vermeiden Sie Kaffee, Schwarztee und stopfende Nahrungsmittel wie Karotten und rote Linsen.
- Abführende Nahrungsmittel sind beispielsweise Feigen, Pflaumen, Spinat, Suppen, weiße Zwiebeln, Milch, Ghee, Molke.
- Und Achtung: Während der Schwangerschaft keine abführenden Medikamente einnehmen, auch keine natürlichen wie beispielsweise Rizinusöl.

Essen und Verdauung

In den ersten Monaten braucht der Embryo zur Bildung seiner fünf Elemente (Erde, Wasser, Feuer, Luft und Raum) und zur Ausreifung seiner Sinnesorgane alle sechs Geschmacksrichtungen. Und Sie sollten unbedingt diesen notwendigen Bedürfnissen des Embryos folgen, indem Sie während der gesamten Schwangerschaft Völlerei und einseitige Nahrungsaufnahme vermeiden. Bringen Sie Vielfalt auf den Teller. Das gilt auch für die Konsistenz der Speisen, also harte und weiche Nahrung sollten in einem guten Verhältnis zueinander stehen. Essen Sie kräftige und warme Nahrung, also besonders Milchprodukte und Suppen. Aber meiden Sie zu schweres und zu scharfes Essen (Meeresfisch, Schweine- und Rindfleisch, Chili). Fügen Sie Ihren Mahlzeiten gut bekömmliche Gewürze hinzu wie Koriander, Kreuzkümmel, Ingwer, langer Pfeffer oder auch unsere bekannten Küchenkräuter wie Basilikum, Bohnenkraut oder Petersilie.

Folgende Nahrungsmittel und Gewürze sollten in der Schwangerschaft nur ausnahmsweise verzehrt werden:

- Schweinefleisch
- Rindfleisch
- Meeresfisch
- Meeresfrüchte
- Alter, schimmliger, würziger oder trockener Käse
- Knoblauch und rohe Zwiebeln
- Asa Foetida, Chili, Rettich

Generell gibt es einige Essensregeln, die Schwangere beachten sollten:

- Halten Sie regelmäßige Essenszeiten ein.
- Essen Sie mittags die Hauptmahlzeit und abends nur wenig.
- Nehmen Sie sich Zeit zum Kochen und Essen. Essen Sie an ruhigen, angenehmen Orten.
- Niemals während des Gehens und unter Stress essen.
- Zwischenmahlzeiten sind erlaubt, aber in Maßen.
- Vermeiden Sie Überessen, schwere und irritierende Nahrungsmittel (Cola, Chips, alter Käse, Meeresfisch).

- Vermeiden Sie strikt unverdaubare Nahrungsmittel wie kalte Milch (immer anwärmen), Milchprodukte mit Früchten (Fruchtjoghurt oder -quark), Milchprodukte mit Fisch, Trinkjoghurt, Radler, Alkohol mit Früchten.
- Trinken Sie nicht mehr als ein bis 1,5 Liter am Tag. Trinken Sie niemals kalte Getränke aus dem Kühlschrank und Milchshakes. Trinken Sie nicht mehr am Abend.
- Verzichten Sie möglichst auf Alkohol, Kaffee, Schwarztee und Schokolade.

Gefährliche Lebensmittel in der Schwangerschaft sind:
- Rohes oder nur halb durchgegartes/-gebratenes Fleisch
- Salami, Schinken
- Innereien
- Rohmilch und Rohmilchprodukte wie beispielsweise Weichkäse
- Rohe Eier

Diese Produkte können Krankheitserreger enthalten und Infektionen auslösen.

Und natürlich gibt es auch Nahrungsmittel, die den werdenden Müttern besonders zu empfehlen sind:

- Milch, die je nach Jahreszeit leicht oder stärker erwärmt getrunken werden sollte. Milch fördert das allgemeine Wachstum des Embryos und schützt die Mutter vor Auszehrung. Die Milch mit den besten Eigenschaften ist aus ayurvedischer Sicht eindeutig die Kuhmilch. Bei Kuhmilch-Unverträglichkeit oder erheblichen Kapha-Problemen kann auch auf Ziegenmilch ausgewichen werden.
- Butter und Ghee, die besonders Knochen und Nerven stärken.
- Buttermilch, die, wenn sie nach dem Essen getrunken wird, besonders verdauungsregulierend wirkt und bei Milch-Unverträglichkeit als Ersatz genommen werden kann.
- Honig. Geben Sie jedoch Honig niemals in heißen Tee oder andere heiße Getränke, da unter Umständen schädliche Substanzen freigesetzt werden.
- Rosinen, Datteln, Feigen, Mangos, Äpfel, Birnen.
- Mandeln und Walnüsse.

Darüber hinaus sollten Sie auf einen regelmäßigen Stuhlgang achten. Sie müssen sich dazu auch etwas erziehen, indem Sie Ihren Tagesablauf regelmäßig halten: Zeitig aufstehen, sich mit einer leichten Morgengymnastik oder einem speziellen Schwangerschaftsyoga in Schwung bringen, ein warmes Getränk zu sich nehmen (möglichst keinen Kaffee oder Schwarztee!). Dann sollte der Stuhlgang kein Problem darstellen. Wenn doch, dann versuchen Sie es doch einmal mit einem der Tipps gegen Verstopfung (siehe Seite 128).

Für Schwangere empfohlene und nicht empfohlene Gewürze und Nahrungsmittel

	Empfohlen:	Nicht empfohlen:	Unbedingt vermeiden:
Gewürze:	Koriander, Kreuzkümmel, Fenchelsamen, langer Pfeffer	Chili, Senf, roher Knoblauch, rohe Zwiebeln, Asa Foetida, Rettich, Kardamom, Ajovan, Muskatnuss	
Nahrungsmittel:	Warme Milch, Buttermilch, Ghee, Butter	Meeresfisch, Meerestierchen, Sushi, rohe Tomaten, Bananen, Ananas, Essig, Joghurt, Schweinefleisch, Rindfleisch, alter, schimmliger, würziger oder trockener Käse	Papaya, rohes oder nur halb durchgegartes Fleisch, Salami, Schinken, Innereien, Rohmilch und Rohmilchprodukte, wie beispielsweise Weichkäse, rohe Eier
Getränke:	Grüner Tee (morgens), Kräutertees (Brennnessel!), Rotwein in geringen Mengen	Eiskalte Getränke, Milchshakes, Multivitaminsäfte, Zitrusfruchtsäfte	Aloe vera, Kaffee, Schwarztee, Cola, Limonade, anregende Getränke, hochprozentiger Alkohol, Bier, Weißwein

Das angemessene Verhalten

Ein in unserer Zeit meist völlig unterschätzter Bereich der Schwangerschaftsvorsorge sind die Verhaltensempfehlungen für die werdende Mutter. Gerade jetzt, wo Sie viel empfindlicher sind, sollten Sie sich nicht mit aufregenden, ängstigenden und erschreckenden Dingen beschäftigen.

Ihr Gemütszustand beeinflusst wesentlich die geistige Entwicklung Ihres Embryos. Im Ayurveda sagt man, alles, was die Mutter fühlt, was sie denkt und mit was sie sich beschäftigt, wird unmittelbar vom Fötus wahrgenommen und miterlebt. Zahlreiche neuere Forschungen bestätigen dies, ohne jedoch den weiteren Effekt dieses Miterlebens auf die spätere Entwicklung des Kindes zu beobachten. Eine Mutter darf sich später nicht wundern, wenn sie ein unruhiges, nervöses Schreikind bekommt, weil sie eine gestresste Schwangerschaft hinter sich hat. Es ist zudem einfach unverständlich, dass Mütter in unserer Gesellschaft generell bis zum achten Schwangerschaftsmonat voll arbeitsfähig bleiben müssen. Eine Schwangere ist zwar keine Kranke, aber sie sollte aufgrund ihrer Schwangerschaft das Recht haben, sich jederzeit ausklinken zu dürfen, um sich um sich selbst und ihr werdendes Kind zu kümmern. Jede Schwangerschaft verläuft anders und es gibt auch viele Schwangere, die bis zur Geburt ohne größere Probleme einsatzfähig bleiben, aber es gibt auch das genaue Gegenteil davon.
Es gibt unzählige Möglichkeiten, unangenehme Situationen für eine Schwangere zu vermeiden. Lassen Sie beispielsweise den Fernseher lieber öfter mal aus, besonders am Abend, und vermeiden Sie Horror- und Actionfilme. Dieser Punkt ist wichtiger, als Sie vielleicht zunächst glauben. Im Ayurveda geht man sogar so weit, dass man einer schwangeren Frau verbietet, in die Tiefe zu sehen oder abends allein spazieren oder in die Disco zu gehen. Alles nur, um unangenehme Situationen, die unnötigen Stress und Aufregung verursachen können, zu vermeiden. Sie sollten sich in dieser Zeit auch genauer überlegen, mit welchen Menschen Sie Ihre Zeit verbringen und ob es Ihrem werdenden Kind förderlich ist, sich größeren Menschenansammlungen unnötig auszusetzen. Auch ist es absolut nicht empfehlenswert, zumindest in den ersten drei und den letzten beiden Schwangerschaftsmonaten, Flugreisen oder andere größere Reisen zu unternehmen.
Weitere negative Auswirkungen haben körperliche Anstrengungen, Sport, auf dem Bauch schlafen, aber auch häufiger Geschlechtsverkehr. Der Ayurveda empfiehlt, vor allem in den ersten und den letzten drei Monaten, sehr vorsichtig damit umzugehen. Auch hier liegen die Gründe in der sensiblen Entwicklung des Fötus, der in dieser Zeit für starke Sinneseindrücke extrem empfänglich ist.

Versuchen Sie starke und negative Emotionen wie Wut, Neid, Eifersucht und Kummer nicht zu lange mit sich herumzutragen, sondern wandeln Sie sie in konstruktive Gefühle mit meditativen oder kreativen Übungen.

Rauchen und Alkohol

Man schätzt, dass etwa 20 bis 25 Prozent der Frauen in der Schwangerschaft weiterrauchen. Eine neue Umfrage des Klinikums Charité in Berlin kommt sogar zum erschreckenden Ergebnis von 35 Prozent.[47] Es braucht an dieser Stelle wohl nicht weiter erwähnt zu werden, welche gewaltigen Auswirkungen Nikotin und Alkohol auf die Entwicklung des Embryos haben. Zahlreiche Studien belegen ein vermindertes Geburtsgewicht und viele andere Störungen, die Ihr Kind vielleicht ein Leben lang belasten werden. Versuchen Sie daher alles, um rechtzeitig *vor* der Schwangerschaft diese ungesunde Gewohnheit aufzugeben.

Verhaltensweisen mit negativen Auswirkungen für die Schwangere

- Unterdrückung von körperlichen Bedürfnissen (Vegas), besonders von Stuhlgang, Harndrang und Blähungen
- Unregelmäßiges Essen, falsche Nahrung (zu scharf, zu heiß, zu schwer, zu viel Fleisch)
- Überessen und Fasten
- Entgiftungskuren und Abführen
- Unregelmäßiger Tages- und Nachtablauf
- Überlanger Schlaf und Schlafen tagsüber
- Häufiges Hören von lauter Musik oder Lärm
- Stress, Kummer, Angst, Schreck, Schock, In-die-Tiefe-sehen
- Physische Gewalteinwirkung
- Körperliche Anstrengung, Sport, unsachgemäße Übungen, Anheben von schweren Gegenständen
- Reisen in einem sehr unbequemen Fahrzeug
- Sitzen auf einem ungemütlichen und hohen Stuhl
- Auf dem Bauch schlafen, aber auch ausschließlich auf dem Rücken liegen
- Das Tragen von engen Gürteln sowie einschnürender und roter Kleidung
- Nachts unter freiem Himmel schlafen sowie an verlassenen, einsamen Orten herumlaufen
- Häufiges Benutzen von Schimpfworten und Flüchen

Yoga und Meditation

Yoga und Meditation haben auch bei der Schwangerenbetreuung in den letzten Jahren immer mehr Einzug gehalten. Nicht umsonst. Sie können sich und Ihrem Kind keinen größeren Gefallen tun, als sich in einem ruhigen und ausgeglichenen Gemütszustand zu befinden. Das heißt nicht, dass Sie sich nicht mehr aufregen dürfen oder nur noch kontrolliert herumlaufen sollten. Mal ganz davon abgesehen, ob es überhaupt möglich wäre, würde das Leben wohl keinen Spaß mehr machen. Ich spreche hier davon, unnötigen und vor allem konstanten Stress zu vermeiden und zusätzlich mit entspannenden Methoden auszugleichen. Niemand von uns kann heutzutage mehr ungestresst leben, aber jeder von uns kann dem so gut es eben geht und vor allem bewusst entgegentreten.

Die Geburtsvorbereitungen

Sie sollten spätestens vier Wochen vor dem Geburtstermin beginnen, sich täglich mit pflanzlichem Öl einzuölen, um den Geburtskanal noch weicher zu machen. Zusätzlich können Sie in dieser Zeit jeden Abend einen in Sesamöl getränkten Tampon in die Vagina einführen und über Nacht wirken lassen. Optimal wären dazu noch kleine Kräuteröleinläufe, die man sich zwei- bis dreimal die Woche von einem Therapeuten geben lässt.

Die Selbstmassage sollte nur sehr sanft mit einem milden pflanzlichen Öl durchgeführt werden, beispielsweise Sesam-, Oliven- oder Mandelöl.

Außerdem sollten Sie sich jetzt langsam mit der Örtlichkeit vertraut machen, in der Sie Ihr Baby gebären möchten. Im Ayurveda spielt dieser Ort eine sehr wichtige Rolle, da die Mutter sich dort bei der Geburt wohl und geborgen fühlen sollte. Dieser Aspekt ist mindestens ebenso wichtig, wie die Sicherheit zu wissen, dass im Notfall schnell klinische Hilfe bereitsteht. Daher sollte man sich überlegen, ob es in jedem Fall eine Geburt in einem Krankenhaus sein muss, in dem sich ja wie der Name schon sagt, vorwiegend kranke Menschen aufhalten. Obwohl sich mittlerweile auch einige Krankenhäuser auf sanfte Geburten eingestellt und ihre Kreißsäle in wahre Wellnessbäder umfunktioniert haben, hat ein Krankenhausaufenthalt immer noch seine negativen Seiten: unbekanntes Klinikpersonal, Termin- und Zeitdruck und vor allem gefährliche Infektionen. Gerade in Großstädten gibt es heute als Alternative so genannte Geburtshäuser, wo Sie ambulant und ungestört Ihr

Baby zur Welt bringen können und trotzdem beste, kompetente Begleitung erhalten. Sie können sich schon frühzeitig entscheiden, von welcher Hebamme Sie sich betreuen lassen, und wissen dann, wer die Geburt durchführt. Außerdem steht Ihre Hebamme im Notfall jederzeit zur Verfügung und kann auch vorzeitige Entbindungen vornehmen. Aus meiner Erfahrung ist gerade dieses auf Dauer sehr persönliche Vertrauensverhältnis zwischen Hebamme und werdender Mutter ein wichtiger Baustein für eine unkomplizierte Geburt.[48]

Kapitel V: Kindheit (Balika) und Stillzeit (Prasuti)

Die Geburt eines Kindes war in der ursprünglichen vedischen Gesellschaft, wie bereits beschrieben, ein sehr wichtiges und freudiges Ereignis. Dementsprechend wurde der Anlass für eine ausgiebige Feier genutzt, an der die gesamte Großfamilie teilnahm und das Neugeborene mit Geschenken überhäufte.
Das erste Ritual, Jatakarma, wird beim Neugeborenen durchgeführt und befreit das Baby von schleimigen Resten der Geburt. Danach wird es mit ayurvedischen Ölen massiert. Die nächste Zeremonie findet erst zehn Tage später statt – sie ist die feierliche Namensgebung, Namakarana, die in Anwesenheit eines Priesters, der Familie und Freunden gefeiert wird. Dann folgt das nächste Festritual, kurz bevor der erste Milchzahn erscheint und das Baby seine erste feste Nahrung in Form von gekochtem Reis bekommt. Der erste Geburtstag ist dann der vorerst letzte feierliche Höhepunkt im Leben eines Kleinkindes.

Das Baby

Auch heute noch ist es in den ländlichen Regionen Indiens üblich, dass die Kinder zu Hause mit Hilfe einer Hebamme zur Welt kommen, die in ayurvedischer Geburtshilfe ausgebildet ist. Wenn während der Schwangerschaft keine Probleme auftauchen, beginnt eine erfahrene Hebamme mit der Betreuung der werdenden Mutter spätestens vier Wochen vor der geplanten Entbindung. Die Mutter bekommt täglich eine Ganzkörpermassage, damit der Körper der Frau weich und der Fötus kräftig wird. Die Kräuteröle werden individuell je nach Konstitution und Verfassung festgelegt. Durch die Massage wird außerdem Vata-Dosha kontrolliert, um vorzeitige Wehen oder andere Störungen zu verhindern.

Die Babymassage

Man hat festgestellt, dass Babys, die viel berührt und gestreichelt werden, nicht nur glücklicher sind, sondern sich geistig und emotional besser entwickeln. Daher werden bereits einige Tage nach der Geburt Mutter und Kind täg-

lich mindestens sechs Wochen lang massiert. Die Mutter, damit sie die schwere Geburt verkraftet und beim Stillen bei Kräften bleibt, und das Kind, damit es sich gut entwickelt. Vor allem für das Neugeborene spielt die Massage eine enorm wichtige Rolle. Der Körper wird genährt, aber vor allem werden die Körpergewebe stimuliert, sich zu entwickeln und richtig zu wachsen. Ölmassagen beruhigen, entspannen und verhelfen dem neuen Erdenbürger zu mehr Stabilität und Ausgeglichenheit.
Sie können Ihrem Kind keinen größeren Gefallen tun, als es täglich mit einem guten Pflanzenöl zu massieren. Damit stärken Sie auch die emotionale Bindung zu Ihrem Kind.

So führen Sie eine Babymassage durch

Wärmen Sie etwas Pflanzenöl oder im Idealfall ein von Ihrem Therapeuten bestimmtes ayurvedisches Kräuteröl auf einem Stövchen an. Bitte nehmen Sie keines der üblichen Babyöle, die meistens auf Mineralölen basieren und den Körper eher austrocknen. Mit einfachem Sesam- oder Mandelöl können Sie nie etwas falsch machen. Beginnen Sie am Bauch des Babys und massieren Sie vorsichtig in kleinen Kreisen um den Nabel herum. Fangen Sie mit ganz sanftem Druck an und testen Sie zunächst, wie Ihr Kind reagiert. Fühlen Sie die Unterschiede an der Bauchdecke. Manche Stellen sind härter und verspannt. Gehen Sie ruhig öfter über diese Stellen, aber immer nur mit der flachen Hand in kreisförmigen, ruhigen Bewegungen. Sie sollten dabei keinen punktuellen Druck mit den Fingerspitzen ausüben. Halten Sie dabei Blickkontakt zu Ihrem Baby. Wenn es ihm unangenehm wird, machen Sie eine kurze Pause und halten einfach Ihre flache Hand eine Zeit lang ganz still auf einer Stelle und setzen dann wieder die sanfte Massage fort.
Danach kommen Brust und Arme. Bei den Armen streichen Sie immer in Richtung Hände aus, dadurch werden die Körpergewebe besser stimuliert. Nehmen Sie die kleinen Hände und Finger und streichen auch hier nach außen in Richtung Fingerspitzen aus. Das gleiche Prinzip gilt auch für die Beine. Sie können an Armen und Beinen schon mit einem etwas festeren Griff arbeiten – das Gewebe soll ja stimuliert werden. Bitte pressen oder drücken Sie niemals an einer Stelle, sondern massieren Sie Ihr Baby immer in gleitenden Bewegungen. Der Rücken wird schließlich mit gleitenden Strichen in Richtung Nacken massiert. Lassen Sie einfach Ihre Hände über den Rücken auf und ab gleiten, indem Sie mit der flachen Hand arbeiten. Zum Schluss können Sie mit dem kleinen Finger etwas Öl in die Ohren und Nase geben. Damit stimulieren Sie einerseits die Sinnesorgane und schützen das Kleine auch vor schädlichen

Umwelteinflüssen. Den Kopf sollten Sie am besten nur bei warmer Witterung oder vor dem Schlafengehen mit etwas Mandelöl einreiben. Nach der Massage sollten Sie das Kind in jedem Fall gut einpacken und etwa eine Stunde lang warten, bis Sie mit ihm das Haus verlassen. Der beste Zeitpunkt für die Massage ist der Morgen oder der Abend vor dem Schlafen.[22]

Die Babyernährung

Die mit Abstand beste und wichtigste Ernährung für Ihr Baby ist die Muttermilch. Die Muttermilch kann durch keine bessere Nahrung ersetzt werden. In der Muttermilch befinden sich nicht nur alle zur Entwicklung des Babys notwendigen Inhaltsstoffe in einem optimalen Verhältnis, sondern vor allem findet sich darin der Lebensnektar Ojas. Die Mutter gibt mit der Muttermilch einen Teil Ihres Ojas an das Kind weiter und muss sich daher auch selbst um eine hochwertige Ernährung und gesunde Lebensweise kümmern. Damit Sie eine qualitativ und quantitativ gute Milch haben, ist es empfehlenswert, bereits vor der Schwangerschaft eine ayurvedische Ausleitungskur (Panchakarma) durchzuführen und sich während der Schwangerschaft gezielt an die Ernährungsvorgaben zu halten. Wichtig ist auch die Brustmassage, die jede Frau schon vor der Geburt selbst regelmäßig an sich durchführen sollte.[23] Die Muttermilch ist ein Untergewebe vom Plasmagewebe (Rasa-Dhatu), das erste Gewebe, das aus der Verdauung gebildet wird.

Wenn Sie aus irgendwelchen Gründen keine Muttermilch geben können, sollten Sie Ihrem Baby die ersten Monate am besten Ziegenmilch geben. Sie ist leichter verdaulich und besser verträglich als Kuhmilch. Reis- und Hafermilch sind ebenfalls geeignet; Sojamilch hingegen sollten Sie vermeiden, da sie schwer verdaulich und weniger wertvoll ist.

Folgende Nahrungsmittel unterstützen die Milchbildung:

- Gemüse, Getreide und Fleisch von Tieren aus Feuchtgebieten und der Nähe von Wasser
- Ölige und feuchte Nahrungsmittel und solche mit süßem, saurem und salzigem Geschmack
- Die Einnahme von mäßig warmer Kuhmilch

Milch bildende Heilpflanzen sind:

- Shatavari
- Ashwagandha
- Fenchelsamen
- Wurzel der Baumwollstaude
- Dillsamen

Es dauert nur einige Stunden, bis aus der aufgenommenen Nahrung Rasa-Dhatu entsteht. Die Muttermilch ist daher immer direkt davon abhängig, was die Mutter isst und wie gut ihre Verdauung funktioniert. Jede Mutter weiß, dass die meisten Verdauungsstörungen ihres Babys in einem direkten Zusammenhang damit stehen, was sie am Vortag gegessen hat. Daher sollte sie auch auf irritierende, scharfe und sehr saure Nahrung verzichten. Aber genauso wichtig ist regelmäßiges Essen sowie frische und gesunde Nahrung. Eine stillende Mutter hat sich an ähnlich strenge Ernährungsvorgaben zu halten wie eine Schwangere. Ansonsten geben Sie Ihrem Kind keine gesunde, sondern mit Giftstoffen (Ama) oder Doshas angereicherte Milch. Ama ist kalt, klebrig, zäh und verbindet sich mit den Tri-Doshas und den sieben Körpergeweben. Es wirkt auf den jungen Organismus wie ein Gift und wird sehr schnell zu zahlreichen Störungen bei Ihrem Kind führen wie Verdauungs- und Hautproblemen sowie später zu Allergien und Verschleimungskrankheiten (Erkältung, Bronchitis).

Rezept zur Milchbildung:
Shatavarimilch

Zutaten
1 TL Shatavaripulver
1/4 TL Ingwerpulver
1 Tasse Wasser
1 Tasse Milch
Rohrzucker

Das Shatavaripulver und Ingwerpulver so lange in dem Milch-Wasser-Gemisch einkochen, bis nur noch eine Tasse Milch übrig ist. Danach mit etwas Rohrzucker vor dem Schlafen warm trinken.

Gesunde Muttermilch sollte eine natürliche Farbe und einen angenehmen Geruch haben. Wenn man sie in einen Topf Wasser gibt, sollte sie sich sofort damit vermischen können.

Jede intensive Farbänderung der Muttermilch sowie unangenehmer Geruch oder Geschmack können ein Hinweis für eine Verunreinigung sein. In diesem Fall sollte man umgehend eine ayurvedische Reinigungstherapie durchführen.

Frühstücksrezept zur Milchbildung:

Müsli

Zutaten
2 TL Bockshornklee
4 EL Haferflocken
1 TL Rohrzucker
warme Milch
1 TL Ghee
2 schwarze Rosinen
5 gehackte Mandeln

Bockshornklee, Haferflocken und Rohrzucker mit warmer Milch zu einem Haferschleim verrühren. Dann Ghee, Rosinen und Mandeln hinzufügen.

Wenn Sie mit dem Zufüttern beginnen, achten Sie auf folgende Regeln:

- Fangen Sie mit einfachen Breien und Getreidesuppen an.
- Erweitern Sie die Mahlzeit immer nur um ein neues Nahrungsmittel; warten Sie jedoch ab, wie Ihr Kind darauf reagiert.
- Vermeiden Sie gemischte Kost mit verschiedenen Obst- oder Gemüsesorten.
- Vermeiden Sie Fertignahrung.
- Vermeiden Sie stark gewürzte, scharfe und irritierende Nahrung wie Käse, Joghurt, Fleisch, Fisch, Rohkost oder Knoblauch.

In Indien werden die Kinder auch heute noch sehr lange gestillt. Die Mindestzeit sollte auch in unserem Kulturkreis sechs Monate betragen, besser ein Jahr. Wenn das Kind anfängt, Zähne zu bekommen, können Sie langsam anfangen zuzufüttern. Geben Sie Ihrem Kleinen am Anfang einen Brei oder eine Schleimsuppe aus Getreide. Später können Sie ihm gedünstetes Gemüse dazugeben. Achten Sie jedoch darauf, dass Sie das Kind immer nur mit einem neuen Nahrungsmittel pro Mahlzeit bekannt machen. Vermeiden Sie gemischte Nahrung, in der sich allerlei verschiedene Obst- und Gemüsesorten befinden und vor allem schwere Nahrung wie Käse, Joghurt, Fleisch, Fisch und Rohkost. Auch von gemischter Babyfertigkost und Fertignahrung mit Konservierungsstoffen sollten Sie sich besser fern halten. Gewürze sollten Sie nur sehr langsam und vorsichtig benutzen, beispielsweise frische Küchenkräuter oder milde Gewürze wie Fenchel, Kardamom, Koriander und auch Ingwer. Zusätzliches Salzen vermeiden Sie am besten völlig.

Viele Frauen bekommen beim Stillen Reizungen und Entzündungen an der Brustwarze. Hier einige einfache Regeln, um dies zu vermeiden:

- Achten Sie darauf, dass Ihr Baby die Brustwarze beim Füttern ganz in den Mund nimmt.
- Trocknen Sie die Brustwarze danach gut ab.
- Ölen Sie die Brustwarze regelmäßig mit Rizinusöl ein.

Die Konstitution

Obwohl alle Babys unter der Dominanz von Kapha-Dosha stehen, kann man mit etwas Beobachtung schon bald deutliche Unterschiede im Charakter und Aussehen feststellen.

Vata-Babys

Vata-Kinder kommen meist mit etwas Untergewicht zur Welt. Sie sind oft auch kleiner als der Durchschnitt und fallen durch dünne Arme und Beine auf. Sie sind von Anfang an unruhig und nervös. Sie sind angespannt und haben oft einen traurigen oder ängstlichen Gesichtsausdruck. Koliken, Schmerzzustände und Verstopfungen kommen regelmäßig vor. Nachts werden sie nicht selten von Albträumen geweckt und brauchen dann den Körperkontakt zur Mami.

Vata-Babys leiden oft unter Bauchkoliken und wechselhafter Verdauung. Folgende Heilpflanzen können von der Mutter eingenommen und somit über die Muttermilch weitergegeben werden:

- Fenchelsamen
- Ingwerpulver
- Kreuzkümmel
- Ajowan

Rezept gegen Bauchkoliken: Bauchmassage mit Sesamöl, danach eine Paste aus Asa Foetida und etwas Wasser anrühren und um den Nabel herum einreiben. Danach mit warmer Hand oder milder Babywärmflasche einige Minuten abdecken.

Gerade diese Babys brauchen nichts mehr als Körperkontakt und Babymassagen. Danach sind sie entspannter und ausgeglichener. Die Massage gibt ihnen viel Stärke und kräftigt Körper und Geist. Benutzen Sie pures gereiftes Sesamöl oder gemischt mit Mandelöl, vor allem, wenn sie sehr unruhig sind und unter Schlafstörungen leiden. Pures Mandelöl auf Stirn und Kopf aufgetragen ist bei Schlafstörungen ein gutes Mittel, eventuell vermischt mit einem Tropfen ätherisches Sandelholzöl.

Rezept für die stillende Mutter zur Stärkung ihres Vata-Babys
Ashwagandha/Safranmilch

Zutaten:
1 TL Ashwagandhapulver,
1 TL Rohrzucker
3 Safranfäden
1 Tasse Wasser
1 Tasse Milch
1 TL Ghee

Das Ashwagandhapulver, den Rohrzucker und die Safranfäden so lange in dem Milch-Wasser-Gemisch einkochen, bis nur noch eine Tasse Milch übrig ist. Dann mit Ghee warm trinken.

Die stillende Mutter sollte bei einem ausgeprägten Vata-Baby auf eine Vatareduzierende Ernährung achten und am Abend eine warme Safranmilch mit Rohrzucker und etwas Ghee trinken.

Pitta-Babys

Pitta-Babys sind meist sehr empfindlich. Sie sind schnell irritiert von Licht, Geräuschen, Gerüchen, Sonne, Wärme und reagieren gerne mit Hautreaktionen auf die Babywäsche. Achten Sie im Kinderzimmer auf eine ruhige Atmosphäre, ohne grelles Licht und starke Gerüche. Hunger kann ebenfalls nicht toleriert werden. Sie schreien gerne und laut und oft so lange, bis man entnervt alle anderen Tätigkeiten unterbricht, um ihnen zu essen zu geben. Pitta-Babys verbrennen viel und müssen daher auch viel essen. Sie beginnen schon früh mit ihrem Geschrei anderen ihren Willen aufzuzwingen. Durchfälle, Ekzeme und Windelausschläge kommen bei ihnen oft vor. Benutzen Sie für die Babymassage eine Mischung aus Mandel- und Kokosnussöl. Wenn es zu entzündlichen Hautreaktionen kommt, probieren Sie eine Mischung aus drei Teilen Kokosnussöl und einem Teil Neemöl aus und streichen Sie es auf die betroffenen Stellen. Bei unruhigen Kindern massieren Sie den Kopf mit Mandelöl, das mit einem Tropfen ätherisches Sandelholzöl oder Ylang-Ylang vermischt wird.

Pitta-Babys leiden meist unter Durchfällen und Hautproblemen. Bei stillenden Müttern ist der Stuhl des Babys grundsätzlich breiig. Bei starkem und häufigem Durchfall müssen Sie jedoch sehr schnell eingreifen, da das Kind sonst austrocknet. Darüber hinaus muss die stillenden Mutter saure, scharfe und Amareiche Nahrung meiden.

Heilpflanzen gegen Durchfall:

- Ingwerpulver
- Muskatnuss
- Kreuzkümmel

Kapha-Babys

Wenn ein Baby, das ohnehin schon unter dem Einfluss von Kapha-Dosha steht, auch noch eine Kapha-Konstitution hat, dann kann es nur rund und dick aussehen. Sie sind mit reichlich Körpermasse gesegnet und das macht sie in der Regel auch zufriedener und glücklicher als andere Babys. Sie schreien wenig und wenn, kann man sie oft leicht wieder beruhigen. Kapha-Babys schlafen viel und fest. Sie brauchen schon frühzeitig eine gewisse Regelmäßigkeit im Tages- und Essensablauf. Sie neigen weniger zu gesundheitlichen Problemen, außer einer ständig laufenden Nase und häufigem Erbrechen. Sonne und Wärme bekommen ihnen sehr gut.

Kapha-Babys brauchen immer eine verdauungsfördernde Unterstützung über die Muttermilch. Die stillende Mutter sollte daher gut gewürzte Speisen essen. Würzen Sie daher mit:

- Ingwer
- Galgant
- Kurkuma
- schwarzem Pfeffer
- Kreuzkümmel
- Fenchel oder
- Neemblättern

Für die Babymassage nehmen Sie gereiftes Sesam- oder Sonnenblumenöl. An kalten Tagen, wenn das Kleine sich kühl und feucht anfühlt, können Sie auch ein paar Tropfen reines Senföl hinzugeben.

Bitte achten Sie grundsätzlich auf qualitativ gutes Pflanzenöl.

Krankheit und Gesundheit Ihres Kindes

Der Sinn von Krankheiten

Aus naturheilkundlicher Sicht brauchen Kinder gewisse Krankheiten, um ihr Immunsystem, aber auch ihre Persönlichkeit zu entwickeln. Das bedeutet jedoch keineswegs, dass es normal ist, wenn sie ständig mit verschnupfter Nase oder gar Allergien herumlaufen. Man muss deutlich unterscheiden zwischen akuten Kinderkrankheiten wie beispielsweise Masern, Windpocken und Röteln oder chronischen Erkrankungen wie Dauerschnupfen, Bronchitiden, Allergien oder Asthma. Erstere gehörten von jeher zum normalen Gesundheitsprogramm eines Kindes und es gibt hierbei sehr selten Komplikationen, wenn man sie naturheilkundlich oder homöopathisch behandelt. Da sie meist mit hohem Fieber einhergehen, kann sich das kindliche Immunsystem dadurch erst entwickeln und ist gegen spätere Erkrankungen gefeit. Wenn man dagegen das Fieber bereits bei 38° Grad mit medizinischen Mitteln unterdrückt, fehlt der starke Fieberreiz, und der kindliche Organismus kann aus der akuten Krankheitskrise nichts »lernen«. Ähnlich einem Kind, dass man lieber die ganze Zeit zu Hause sitzen lässt, weil man Angst hat, es könnte sich verletzen. Selbstverständlich braucht man einen guten Therapeuten an seiner Seite, wenn das Fieber ansteigt. Aber solange die magische 40° Grad-Grenze nicht überschritten wird, braucht man sich in der Regel keine Sorgen zu machen. Wichtig sind zum einen die Höhe des Fiebers und zum anderen die geistige und körperliche Verfassung Ihres Kindes. Wenn die Krankheit Ihr Kind so schwer in Beschlag nimmt, dass es Wahnvorstellungen oder Fieberkrämpfe hat, muss man schon vorher eingreifen. Auch wenn die Krankheit zum Verlust von Körpersäften führt (heftige Durchfälle, Erbrechen oder gar Blutverlust), muss therapeutisch eingegriffen werden. Eine ordentlich überstandene Kinderkrankheit verringert jedoch später die Wahrscheinlichkeit von Allergien und anderen chronischen Krankheiten.

Schutz vor Krankheiten

Der Nestschutz spielt besonders in den ersten sechs Monaten eine wichtige Rolle. Je mehr Menschen um den Säugling herum sind, umso größer ist die Gefahr einer Ansteckung. Das Immunsystem eines Babys ist mit drei Monaten am empfindlichsten, weil dann die eigenen fötalen Abwehrzellen aus der Schwangerschaft aufgebraucht sind, aber der Säugling selbst noch kein gut entwickeltes Immunsystem besitzt. Das Baby bekommt zwar über die Muttermilch ständig neue Abwehrzellen von der Mutter bereitgestellt, aber auch in der Milch nimmt die Menge der Abwehrzellen Monat für Monat ab, sodass mit etwa drei Monaten ein kritischer Zeitpunkt erreicht ist. Der einzige Schutz für den Säugling neben dem Nestschutz ist daher das Stillen. Die Mindestdauer sollte, wie bereits beschrieben, sechs Monate betragen. Die Maximaldauer hängt allein von Ihnen und vom Milchfluss ab.

Sie sollten auch besonders in den ersten Monaten sehr vorsichtig mit Antibiotikagaben umgehen. Neueste Studien zeigen einen deutlichen Zusammenhang zwischen der Einnahme von Antibiotika in den ersten sechs Lebensmonaten und dem späteren Auftreten von Asthma. [24]

Impfungen

Machen Sie sich bereits vor der Geburt darüber Gedanken, ob und wann Sie Ihr Kind impfen lassen wollen. Eine anonyme Studie mit Ärzten offenbarte, dass nur etwa ein Drittel der Kinderärzte ihre eigenen Kinder selbst impfen, bei ihren kleinen Patienten jedoch sind die Skrupel deutlich geringer. [25] Aus ayurvedischer wie auch aus naturheilkundlicher Sicht ist das Risiko-Nutzen-Verhältnis von Impfungen jedoch äußerst fragwürdig.

Man könnte an dieser Stelle noch viel über Sinn und Unsinn von Impfungen diskutieren, aber der Umfang dieses Buches erlaubt leider nur den Verweis auf die mittlerweile zahlreichen Publikationen darüber. [26]

Eines jedoch sollten Sie sich immer wieder bewusst machen: Deutschland ist praktisch das einzige Land der Welt, in dem es keine Impfpflicht gibt; niemand kann Sie also zu einer Impfung zwingen. Wenn Sie spüren, dass Ihr Kind noch zu klein oder ohnehin kränklich ist, dann warten Sie ab, bis Sie den Zeitpunkt für richtig halten und schützen Sie so lange Ihr Kind auf natürliche Art und Weise über den Nestschutz.

Die Ernährung

Grundsätzlich sind Produkte die mit Rohrzucker, Honig, Ahornsirup oder Dicksäften zubereitet sind, viel gesünder und zudem besser verträglich als solche mit weißem Zucker.

Ein weiterer wesentlicher Faktor für Krankheiten liegt in der falschen Ernährung. Wenn ein Kind bereits frühzeitig unangemessene Nahrung bekommt, ist das junge Immunsystem schnell überfordert. Sie dürfen nie vergessen, essen ist für jeden Organismus gleichbedeutend mit dem Eindringen von fremden Substanzen in den Körper. Daher kann man bei jedem Menschen nach dem Essen einen kurzzeitigen, aber deutlichen Anstieg von Abwehrzellen im Blut feststellen. Bei einem Erwachsenen mit ausgereiftem Immunsystem stellt dies kein Problem dar, bei einem Kleinkind jedoch sehr wohl. Aus solchen Reaktionen können sehr schnell überschießende Immunaktivitäten entstehen, die in eine Allergie münden können.

Verdauungsstörungen und Allergien entwickeln sich oft so schleichend, dass Sie sie erst wahrnehmen, wenn das Kind bereits erkrankt ist. Viele Fieberkrankheiten entstehen gerade bei Kleinkindern nur, um die Menge von angesammeltem Ama wieder zu verbrennen. Eine ähnliche Reinigung kann über den Darm (Durchfälle) und über Schleimkrankheiten (Erkältungen und Bronchitis) stattfinden. Achten Sie daher darauf, dass Sie diese Krankheiten nicht sofort mit medizinischen Medikamenten unterdrücken.

Folgende Ernährungs- und Verhaltensregeln sollten Sie bei Ihrem Kind beachten:

1. Achten Sie allgemein bei der Ernährung Ihres Kindes darauf, dass es nicht überwiegend Kapha-Dosha-provozierende Lebensmittel zu sich nimmt. Diese sind süß, sauer, salzig, schwer, kalt und feucht.
2. Erziehen Sie Ihr Kind dazu, regelmäßige Essenszeiten einzuhalten. Die Hauptmahlzeit sollte unbedingt am Mittag sein. Vermeiden Sie häufige Zwischenmahlzeiten und Naschereien.
3. Vermeiden Sie eiskalte Getränke und geben Sie Ihrem Kind selten Eiscreme und wenn dann nur an warmen Sommertagen.
4. Anstatt Süßigkeiten geben Sie besser frisches Obst oder Trockenobst. Achten Sie jedoch auf die Verträglichkeit. Heimisches Obst sollte Zitrusfrüchten vorgezogen werden. Bei häufigem Schnupfen unbedingt Bananen und eventuell auch andere Zitrusfrüchte weglassen.
5 Vermeiden Sie strikt unverträgliche Nahrungsmittelkombinationen wie kalte Milch, kalte Milchmixgetränke, Milchprodukte zusammen mit frischem Obst (Fruchtjoghurt), Milch zusammen mit Fisch sowie Obstsalaten.

Tomaten zählen zu den Obstsorten und sollten ebenfalls nicht mit Milchprodukten (Käse) zusammen verzehrt werden.

6. Geben Sie Ihrem Kind nur selten Joghurt und niemals am Abend.
7. Reduzieren Sie besonders bei übergewichtigen Kindern die Trinkmenge. Obst- oder Gemüsesäfte sollten grundsätzlich nur stark mit Wasser verdünnt gegeben werden. Gesüßte und kalte Getränke sind grundsätzlich für Kinder ungeeignet.
8 Halten Sie Ihr Kind, außer im Notfall natürlich, möglichst vor jeglicher nicht naturheilkundlicher Arzneizufuhr fern.
9. Vermeiden Sie auch Hautausschläge sofort mit medizinischen Hautsalben zu unterdrücken. Dadurch verringern Sie das Risiko, dass sich Krankheiten von Außen nach Innen schlagen

Geben Sie Ihrem Kind keine zusätzlichen Spurenelemente, besonders kein Jod, Fluor, Vitamin K und D.

Kapitel VI: Die Frau in der Menopause

Das Klimakterium, auch Wechsel genannt, ist neben der Pubertät die zweite große hormonelle Umstellung im Leben einer Frau. Sie ist wie die Pubertät mit ähnlich einschneidenden Konsequenzen verbunden und verändert die Chemie der Frau auf allen Ebenen, körperlich, geistig und emotional.

Bei den meisten Frauen beginnt das Klimakterium zwischen dem 45. und 55. Lebensjahr. Ausgelöst durch den stetigen Rückgang von Sexualhormonen, besonders den Östrogenen, kommt es zu zahlreichen Veränderungen im weiblichen Körper. Sie sind gekennzeichnet durch Unregelmäßigkeiten oder sogar Ausbleiben der Regel und oft begleitet von typischen klimakterischen Beschwerden wie Hitzewallungen, Nachtschweiße, Gemütsschwankungen und anderen Symptomen. Das endgültige Ausbleiben der Menstruation wird Menopause genannt und tritt irgendwann im Laufe des Klimakteriums ein. Die Menopause ist auch gleichbedeutend mit dem endgültigen Abschied der Fruchtbarkeit.

Es wäre jedoch falsch, das Klimakterium als eine Krankheit zu sehen. Es ist ein natürlicher Prozess, ein neuer Abschnitt im Leben einer Frau. Und je nachdem, wie Sie es schaffen, diese neue Herausforderung anzunehmen, wird dieser Wechsel Ihnen leichter oder schwerer fallen. Untersuchungen zeigen, dass die teilweise unangenehmen Begleiterscheinungen der Wechseljahre von der Einstellung der Betroffenen stark beeinflusst werden können. Wenn Sie die Menopause überwiegend als das Ende von Jugend, Fruchtbarkeit und Sexualität betrachten, werden Ihnen die Wechseljahre wahrscheinlich schwieriger und belastender vorkommen, als wenn Sie sie als eine Phase sehen können, die neue Freiheiten und neue Zielsetzungen ermöglicht. Sie können, trotz unseres momentanen gesellschaftlichen Jugendwahns, diesen letzten Lebensabschnitt nutzen, um sich auf die Früchte Ihres Lebens zu konzentrieren. Befreit von der Pflicht des Kinderkriegens können Sie sich nun ganz Ihrer Spiritualität widmen und das Beste in Ihnen zum Vorschein bringen. Alles im Leben ist in einem ständigen Wandel. Nichts bleibt so, wie es ist. Wenn Sie sich diesem Wandel nicht verschließen, haben Sie den ersten großen Schritt getan, Ihren neuen Lebensrhythmus in einem neuen Lebensabschnitt wieder zu finden.

Obwohl die Menopause zu den wichtigsten Stationen im Leben einer Frau gehört, vermissen viele Frauen konkrete Informationen über deren genauen

Ablauf und was sie zur Unterstützung tun können. Dabei können Sie durch richtige Ernährung, gesunde Lebensführung, ausreichende Bewegung und unterstützende Heilpflanzen die meisten der unangenehmen Erscheinungen der Menopause deutlich reduzieren.

Die körperlichen Veränderungen

Häufige Beschwerden während des Klimakteriums:
- Müdigkeit
- Blutarmut (Anämie)
- Hitzewallungen
- Nachtschweiß
- Haarausfall
- Unregelmäßige Regelblutungen
- Schmerzendes oder häufiges Wasserlassen
- Trockenheit oder Jucken der Vagina
- Nachlassen des sexuellen Verlangens
- Gelenkschmerzen
- Ödeme
- Stimmungsschwankungen
- Gemütskrankheiten
- Schlaflosigkeit
- Bluthochdruck

Die Natur hat erkannt, dass der Zeitpunkt für Sie, Kinder zu bekommen, überschritten ist. Sie beginnt daher, Zug um Zug die Tätigkeit Ihrer Fortpflanzungsorgane einzustellen. Dies wirkt sich vor allem in der Hormonproduktion aus, die immer weiter zurückgeschraubt wird. Die Östrogen- und Gestagenproduktion schwindet langsam. Diese Hormone fehlen jedoch nicht nur in den Fortpflanzungsorganen, wodurch beispielsweise die Gebärmutterschleimhaut aufgebaut oder der Eisprung beendet wurde, sondern im gesamten Stoffwechsel, also in den Muskeln, der Haut, dem Fettgewebe, den Knochen und nicht zuletzt auch im Gehirn.
Der gesamte Stoffwechsel verändert sich im Laufe der Zeit. Die Monatsblutungen verlaufen völlig chaotisch oder fallen mehr und mehr aus. Hitzige Beschwerden wie Schweißausbrüche, starkes Herzklopfen und Herzstolpern, erhöhter Blutdruck nehmen den Körper in Beschlag. Von vielen Frauen wer-

den die teilweise sehr häufigen Hitzewallungen als besonders unangenehm empfunden. Der Kopf wird rot, der Blutdruck steigt, innerhalb von wenigen Augenblicken kann der Körper schweißnass sein. Diese Ausbrüche können nicht nur tagsüber sehr lästig sein, sondern auch in der Nacht am Schlafen hindern. Hinzu kommen nicht selten psychische Probleme wie Depressionen, Melancholie, hysterische und cholerische Züge, aber auch Ängste und Unruhezustände. Weitere Folgen können eine vermehrte Trockenheit der Scheide und ein allgemeines Nachlassen des sexuellen Verlangens sein. Die Beschwerden können je nach Konstitution (Prakriti) und Verfassung (Vikriti) sehr unterschiedlich sein.

Aus ayurvedischer Sicht erreicht eine Frau mit dem Wechsel den Endpunkt ihrer Pitta-Phase. Diese hat mit der ersten Menstruation in der Pubertät begonnen und ihr Ende wird mit der letzten Blutung manifest. Durch den Wechsel kommt sie in die dritte Phase des Lebens, das Alter, das von Vata-Dosha dominiert wird. Vata steht für Bewegung, Ungleichgewicht und Wechselhaftigkeit. Daher wird jedes Vata-provozierende Verhalten die Wechseljahre erschweren und unangenehmer machen. Vata ist die Windkraft in Ihrem Körper – und so wie der Wind das Feuer anfacht, wird Vata die konstitutionellen Schwächen weiter verstärken, was sich im Klimakterium besonders deutlich zeigt. Je unausgeglichener die durch falsche Lebensführung erworbene Dosha-Mischung in Ihrem Körper ist, umso heftiger wird Vata-Dosha diese Disharmonie zu Tage fördern. Man könnte auch sagen, dass die Wechseljahre die größten Sünden (erhöhte Doshas, Ama, geistige und emotionale Wunden) offenbar werden lässt, damit Sie erkennen, was bisher alles in Ihnen an Disharmonie verborgen geblieben ist. Auf diese Weise werden Sie vielleicht erkennen, dass die Wechseljahre kein Fehler der Natur sind, wie manche Mediziner behaupten, sondern ein intensiver Bewusstwerdungsprozess, der Ihnen eine Fülle von Hinweisen gibt. Sie würden sich mit einer Hormontherapie nicht nur diese großartige Chance nehmen, sondern auch Ihren Körper schädigen, da Sie die Ausscheidung von Schlacken unterbindet.

Der hormonelle (Irr-)Weg

Bis vor kurzem gehörte die Verschreibung von Hormonen für Frauen in den Wechseljahren zu den größten Selbstverständlichkeiten der modernen Medizin. Ärzte, Wissenschaftler und Pharmaindustrie wurden nicht müde, seit den 60er Jahren des vorherigen Jahrhunderts die Hormonersatztherapie (HET) als Wundermittel der modernen Medizin anzupreisen. Da der weibliche Körper

Die Hormonersatztherapie (HET) sollte grundsätzlich nicht Frauen verabreicht werden:

- mit Bluthochdruck,
- nach Herzinfarkten,
- mit Migräne,
- mit Leberproblemen,
- mit Erkrankungen der Gallenblase oder
- mit regelmäßigen Blutungen.

mit dem Wechsel beginnt, seine Östrogenproduktion einzustellen, glaubte man, diesen hormonellen Mangel mit der Zufuhr von Hormonen ausgleichen zu müssen. Ja, es gab und gibt sogar heute noch zahlreiche Ärzte, die behaupten, dass Frauen ursprünglich nicht länger als 45 Jahre alt werden sollten und der weibliche Körper jenseits dieser Grenze beginnt, verrückt zu spielen. Mit solchen unwissenschaftlichen Thesen wird immer noch versucht, viele Frauen davon zu überzeugen, Hormonpräparate einzunehmen, am besten bis zum Ende des Lebens. Die Menopause wurde mehr und mehr als Krankheit, als ein Irrtum der Natur angesehen, der nur mit pharmazeutischen Medikamenten ausgeglichen werden kann. Und dabei wurde zum Teil unverhohlen damit geworben, dass die HET das Risiko der gefürchteten Osteoporose senken wie auch eine schützende Wirkung bei Herz-Kreislauf-Erkrankungen haben sollte. Beides wurde mittlerweile durch Studien widerlegt. Vor allem wurde aber immer wieder mit der verjüngenden Wirkung weiblicher Geschlechtshormone geworben. Und welche Frau will schon freiwillig angesichts einer die Jugend vergötternden Gesellschaft alt und unattraktiv erscheinen?

Dabei wurde den Frauen zudem suggeriert, dass die Einnahme von Hormonen nur geringe schädliche Nebenwirkungen habe, und das, obwohl es in den letzten 40 Jahren immer wieder weltweit klinische Studien gab, die vor dem beträchtlichen Risiko warnten, an Brust- und Gebärmutterschleimhautkrebs zu erkranken. Manche Wissenschaftler vertraten sogar die widersinnige These, dass das gleiche Östrogen, das in der Antibabypille zu zahlreichen unerwünschten Problemen wie Herzerkrankungen führt, bei der HET im höheren Alter eben gegen diese Krankheiten plötzlich wirksam sein soll.[49] Mit der Zeit erkannte man jedoch, dass reine Östrogenpräparate tatsächlich die Gebärmutterschleimhaut (Endometrium) stimuliert und zur rapiden Vermehrung von Gebärmutterschleimhautzellen führt, eine Vorstufe von Krebs. Das Risiko an einem Endometriumkarzinom zu erkranken, ist dadurch bis zu zwanzigmal höher. Daher stieg man mit der Zeit in der HET mehr und mehr auf Kombinationspräparate um, also eine Östrogen-/Gestagenmischung, die jedoch dazu führten, dass die Frauen wieder ihre Monatsblutungen bekamen.

Im August 2003 publizierte die englische Fachzeitschrift *The Lancet* ihre Ergebnisse der »Million-Women«-Studie, die den Zusammenhang von Hormoneinnahme bei Frauen in den Wechseljahren und einem erhöhten Auftreten von Brustkrebs bestätigte. Exakt 1.084.110 englische Frauen im Alter von 50 bis 64 Jahren nahmen zwischen 1996 und 2001 an der Studie teil, die vom Cancer Research UK, dem NHS Breast Screening Program und dem Medical Research Council finanziert wurde.

Parallel dazu fand eine andere groß angelegte Hormonstudie, die Women's Health Initiative (WHI), in den USA statt. Bei dieser Studie sollte der Nutzen der Hormonersatztherapie (HET) zur Verminderung von Herz-Kreislauf-Erkrankungen überprüft werden. Hierbei nahmen 16.608 Frauen zwischen 50 und 79 Jahren teil.

Die Resultate können wie folgt zusammengefasst werden:

1. Das Risiko für Frauen, die sich ab dem 50. Lebensjahr einer Östrogen-/Gestagenkombinationstherapie unterziehen, an Brustkrebs zu erkranken, erhöht sich um 100 Prozent gegenüber denjenigen ohne Hormontherapie. Bei 1000 Frauen ergibt dies 19 zusätzliche Brustkrebserkrankungen pro Jahr.
2. Das Risiko für Frauen, die sich ab dem 50. Lebensjahr einer Östrogen-Monotherapie unterziehen, an Brustkrebs zu erkranken, erhöht sich um etwa 30 Prozent gegenüber denjenigen ohne Hormontherapie. Bei 1000 Frauen ergibt dies fünf zusätzliche Brustkrebserkrankungen pro Jahr. Gleichzeitig steigt bei dieser Gruppe jedoch auch die Gefahr, an Gebärmutterkrebs zu erkranken.
3. Hochgerechnet für Großbritannien ergibt sich daraus, dass die Hormontherapie in den letzten zehn Jahren bei den 50- bis 64-Jährigen zu 20000 zusätzlichen Brustkrebserkrankungen geführt hat.
4. Die Einnahme von Hormonen führt auch keineswegs zu einem Absinken von Herz-Kreislauf-Erkrankungen, sondern verstärkt dieses Risiko sogar. Laut der Studie der WHI treten hoch gerechnet bei 1000000 Frauen, die Östrogen-/Gestagenpräparate einnehmen, jedes Jahr 700 zusätzliche Herzinfarkte, 800 Schlaganfälle, 800 Fälle von Lungenembolie und 800 Brustkrebsfälle auf.[50]

Diese erschreckenden Zahlen haben jedoch bis jetzt noch zu keinem wirklichen Umdenken in der modernen Medizin geführt. Weder Ärzteverbände noch Gesundheitsämter haben bisher öffentlich Stellung bezogen zu Empfehlungen oder Änderungen im Umgang mit der Hormonersatztherapie (HET).

Natürlich kann man jede Statistik drehen und wenden, und mittlerweile wird von ärztlicher wie von pharmazeutischer Seite versucht, selbst diese eindeutigen Ergebnisse in Frage zu stellen. Aber das Datenmaterial und die Häufigkeit des Auftretens von Brustkrebs ist so erdrückend, dass es selbst mit geschickter Pressearbeit schwierig sein dürfte, den entstandenen Schaden wieder rückgängig zu machen. Wenn es um die Gesundheit der Frau gehen würde, dann müsste man Medikamente, die im Verdacht stehen, tausende von Frauen schwer krank zu machen, eigentlich sofort vom Markt nehmen. Doch scheinbar stehen andere Interessen und Motivationen im Vordergrund.
Wir leben in einer völlig absurden Zeit medizinischen Fortschritts, in der altbewährte Heilpflanzen zu hunderten wegen »erwiesener Unwirksamkeit« vom Markt genommen werden und jeder Heilpraktiker fürchten muss, dass weitere Heilpflanzen wie Beinwell, Angelika oder Johanniskraut wegen angeblicher möglicher Nebenwirkungen verschreibungspflichtig werden. Dem Huflattich beispielsweise droht ein Verbot, weil er in tausendfacher (!) Dosis bei Ratten Leberkrebs ausgelöst haben soll. Auf den Menschen übertragen, müssten Sie täglich (!) über viele Monate etwa ein Kilogramm Huflattichblätter essen. In was für einer verrückten Welt leben wir eigentlich, in der vor der Einnahme von natürlichen Heilpflanzen mehr gewarnt wird als vor den Nebenwirkungen synthetischer Präparate?
Laut neuester Studien sterben jährlich wahrscheinlich mehr als 58000 Menschen an den Nebenwirkungen von synthetischen Medikamenten; dagegen wird ein natürliches Medikament wie Kava Kava aufgrund von gerademal zwei Dutzend Verdachtsfällen verboten. [52]

Ein immer wieder angeführtes Argument für den Einsatz einer HET ist die Behandlung einer Depression, die im Zuge der Menopause auftritt. Östrogen hat auch auf die Psyche Auswirkungen, da es die Stimmung hebt und Angstzustände vermindern kann. Neuere Untersuchungen haben jedoch gezeigt, dass das Auftreten von Depressionen bei Frauen in der Menopause nicht höher ist, als in anderen Lebensphasen. Auch der Zusammenhang von Depression und dem Abfall der Östrogen-Produktion bei der Frau konnte nicht bestätigt werden. Trotzdem sollte man bei einer klimakterisch bedingten Depression, die sich naturheilkundlich nicht behandeln lässt, unbedingt eine HET als letztes Mittel in Betracht ziehen. [54]

Eines ist jedoch sicher: Die Mär vom Jungbrunnen Hormone scheint endgültig ausgeträumt. Das Bundesinstitut für Arzneimittel und Medizinprodukte (BfArM) jedenfalls hat im Zuge der Neubewertung der Hormonersatztherapie folgenden Bescheid veröffentlicht, aus dem hervorgeht, dass »die Anwendung von Arzneimitteln zur Hormonersatztherapie (HET) mit dem Ziel der Behandlung und Vorbeugung einer Osteoporose nach einer aktuellen Bewertung in der Regel als nicht mehr vertretbar angesehen wird«. Somit müssen ab dem 8.3.2004 sämtliche Beipackzettel von Hormonpräparaten diesen Warnhinweis enthalten. Zukünftig dürfen diese nicht mehr zur Vorbeugung oder Behandlung von Osteoporose empfohlen werden (Ausnahme: extreme Fälle von Osteoporose). Und andererseits müssen die neuen Erkenntnisse über die Risiken (beispielsweise Brustkrebs oder Embolien) deutlicher hervorgehoben und erwähnt werden. Das BfArM kündigt auch gleich eventuelle weitere Anordnungen an, falls im Zuge der wissenschaftlichen Erkenntnisse der »Million-Women«-Studie dies notwendig zu sein scheint.[55]

Bleibt zu hoffen, dass die Hormonmedikation (Antibabypille!) insgesamt ebenfalls neu bewertet wird. Der weltweite Anstieg von Brustkrebs bei Frauen besonders in jüngeren Altersklassen legt nämlich den Verdacht nahe, dass Hormonpräparate nicht nur in den Wechseljahren, sondern in allen Altersklassen zu gefährlichen Nebenwirkungen führen.

Der natürliche Weg durch den Wechsel

Ich bewundere jede Frau, die sich für einen ganzheitlichen Weg durch die Wechseljahre entscheidet und diesen trotz vielfältiger Beschwerden auch tatsächlich durchhält. Wir alle wurden geboren, entwickeln uns bis zur Reife, um dann mehr und mehr zu altern und irgendwann unseren Körper wieder zu verlassen. So ist der Lauf der Dinge, der nicht verändert werden kann.

Die Medizin und die Pharmaforschung versuchen uns seit langer Zeit einzureden, dass ewige Jugend und ein längeres Leben ohne Krankheiten nur noch eine Frage der Zeit sind. Mit jeder neuen Entdeckung glaubte man, den Mechanismus für Tod und Krankheit entschlüsselt zu haben, und auch jetzt hoffen nicht wenige Forscher, dass mit der Gentechnik endlich diese Dinge möglich sein werden. Niemand weiß, was in den Köpfen mancher Laboranten und Wissenschaftler so alles herumspukt und was für »sensationelle« neue Entdeckungen noch auf uns warten mögen, aber eines sollten sich diejenigen vor Augen halten, die einen natürlichen Lebensweg gehen wollen. Der Weg der menschlichen Wissenschaft wird immer weniger intelligent sein als der der Natur. Der Mensch wird sich nie über die Gesetze des Universums, Gottes Schöpfung erheben können. Die Natur ist nämlich keineswegs dumm oder schlecht konstruiert. Sie wird nur leider von den wenigsten verstanden.

Das ganze Leben verläuft in verschiedenen Phasen ab. Wenn Sie in den Wechsel kommen, wird Ihre körperliche Fruchtbarkeit zugunsten Ihrer geistigen Fruchtbarkeit geopfert. Sie werden in eine Ebene erhoben, in der von Ihnen nicht mehr materieller »Nachwuchs« verlangt wird, sondern geistiger. Nur ein erfahrener, gereifter Mensch kann jedoch geistige Früchte tragen. Ein Mensch, der mit allen Mitteln versucht jung auszusehen, der sich ausschließlich auf seine äußere Hülle, den Körper konzentriert, wird auch innerlich unreif bleiben. Er kann sich nicht wirklich mit sich und seinen Realitäten auseinander setzen. Daher haben Sie allein schon mit der Akzeptanz Ihrer Wechseljahre einen großen geistigen Schritt getan. Heißen Sie die neue Phase genauso wie alle anderen Phasen zuvor willkommen. Die Natur hat Ihnen Ihren neuen gebührenden Platz zugewiesen.

Die Konstitutionen und die Wechseljahre

Die Vata-Konstitution

Vata-Frauen leiden meistens an folgenden Beschwerden:

- Ängstlichkeit, Panikattacken
- Nervosität, Unruhe
- Depressionen
- Stimmungsschwankungen
- Schlaflosigkeit
- Sehr unregelmäßige Blutungen
- Wechselhafte, trockene Hitzewallungen
- Kältegefühl, Kälteschauer
- Nervöses Herzstolpern
- Verstopfung
- Trockenheit der Vagina
- Verlust der Hautelastizität
- Gelenkschmerzen
- Migräne

Für viele Vata-Frauen ist der Wechsel eine große Herausforderung. Sie fühlen sich schnell überfordert, geistig wie körperlich. Ständig sind neue Beschwerden da, alles ist in Aufruhr. Vor allem die geistigen Beschwerden machen den Betroffenen oft schwer zu schaffen. Ängste und Unruhe führen schnell dazu, dass sich Vata-Frauen sehr unwohl in ihrer Haut fühlen. In schlimmen Fällen kann es sogar zu depressiven Verstimmungen kommen, die unbedingt rechtzeitig behandelt werden sollten. Aber auch körperlich lässt die Kraft nach. Die meisten Vata-Frauen können ihrer täglichen Routine kaum noch nachkommen. Die Hitzewallungen treten sehr wechselhaft auf und sind oft begleitet von Kälteschauern und Angst. Die Menstruation ist sehr irregulär, manchmal Monate keine, dann wieder alle 14 Tage. Sie ist begleitet von überstarken oder sehr schwachen Blutungen.

So beruhigen Sie Ihr Vata-Dosha:
- Warme und kräftige Speisen und Getränke
- Milchprodukte
- Gewürze (Fenchel, Ingwer, Kreuzkümmel)
- Kaffee und Tee weglassen
- Regelmäßiger Tag-/Nachtrhythmus
- Mindestens acht Stunden Schlaf
- Ruhepausen am Tag
- Meditation und Yoga
- Nur leichter Sport

Tipps:

Ganz wichtig ist, dass Sie sich nicht überfordern und öfter ausruhen. Halten Sie sich streng an eine Vata-beruhigende Ernährung und achten Sie auf einen ausgeglichenen Tages- und Nachtrhythmus. Yoga und Meditation geben Ihnen die richtige Unterstützung, um diese Phase zu bewältigen. Ayurvedi-

Rezept:
Ein Tee für Vata-Frauen

Zutaten:
1 TL Süßholzwurzel
3 Safranfäden
1/2 TL Ingwerpulver
1 Tasse Wasser
1 Tasse Milch
Rohrzucker

Die Süßholzwurzel, die Safranfäden und das Ingwerpulver so lange in dem Milch-Wasser-Gemisch einkochen, bis nur noch eine Tasse Milch übrig ist. Dann warm mit etwas Rohrzucker trinken.

sche Ölmassagen und tägliche Selbstölung mit Sesam- und Mandelöl werden Ihnen helfen, Ihre innere Mitte schneller wieder zu finden. Nichts wird Ihnen so viel Kraft und innere Ruhe geben können wie Yoga und Meditation. Lassen Sie beides zu einem wichtigen Teil Ihres täglichen Lebens werden.

Die Pitta-Konstitution

Pitta-Frauen leiden meistens an folgenden Beschwerden:

- Hitzewallungen mit Schweiß
- Hitzegefühle
- Sensibilität gegen verschiedenste Reize
- Sehr starke Blutungen
- Brenngefühle am Körper, auf der Haut und im Unterleib
- Hautausschläge, Pickel
- Intoleranz gegen äußere Hitze und Sonneneinstrahlung
- Bluthochdruck und blutdruckbedingte Kopfschmerzen

Pitta-Frauen sind diejenigen, die am meisten unter den Hitzewallungen leiden. Das ganze Pitta-Feuer der letzten Jahrzehnte scheint ihnen aus den Poren zu schießen und nicht selten werden sie von mehreren Hitzeanfällen in der Stunde geplagt. Auch nachts wachen sie häufig schweißgebadet auf und müssen ihr Nachthemd mehrmals wechseln. Auch Brenngefühle unter der Haut oder an verschiedenen Stellen des Körpers werden oft erwähnt. Darüber hinaus sind sie äußerst gereizt, streitsüchtig und empfindlich. Sie können sehr schnell hochgehen, kühlen sich aber zum Glück auch schnell wieder ab.

So beruhigen Sie Ihr Pitta-Dosha:

- Kühlende Speisen (Salate, Zucchini, Gurken)
- Kühlendes Obst (Mango, Melone, Apfel, Trauben, Birnen)
- Kühlende Getränke
- Keine scharfen Gewürze, nur wenig saure, salzige Speisen
- Kaffee und Tee weglassen
- Nicht mehr nach 20.00 Uhr essen und nicht später als 23.00 Uhr ins Bett gehen.
- Meditation und Yoga
- Nur leichten Sport treiben
- Tragen Sie Perlenschmuck

Tipps:

Die wichtigste Maßnahme für Pitta-Frauen: Herunterkühlen. Essen Sie kühlendes, aber nicht saures Obst. Trinken Sie kühlende Getränke, aber niemals eisgekühlt. Vermeiden Sie Stress, Hektik, zu langes Arbeiten und zu spätes Abendessen. Auch hier sind regelmäßige Meditationen wichtig, um den Stress besser zu bewältigen. Eine gute Maßnahme ist ein kühles Fußbad (zehn bis 15 Minuten) kurz vor dem Schlafengehen. Auch wirkt es wohltuend, sich tagsüber immer wieder mit kühlem Wasser das Gesicht zu besprenkeln. Kokosnussöl an Kopf und Füßen mindert ebenfalls die innere Hitze.
Auch mental sollten Sie sich mit kühlenden, sprich beruhigenden Methoden beschäftigen. Wenn Sie beruflich stark belastet sind, versuchen Sie, entweder einen Gang zurückzuschalten, oder schaffen Sie sich kleine Erholungs- und Erfrischungsoasen im Alltag.

Rezept
Tees, um die Hitze des Körpers zu lindern

Zutaten:
1 TL Koriandersamen
1 TL Kreuzkümmel
1 l Wasser

Die Koriandersamen und den Kreuzkümmel im Wasser 20 Minuten kochen lassen und kühl trinken.

Oder:

Zutaten:
1 TL Süßholzwurzel
1 Tasse Wasser

Die Süßholzwurzel im Wasser über Nacht stehen lassen, am nächsten Morgen kurz erwärmen und zimmerwarm trinken.

Die Kapha-Konstitution

Kapha-Frauen leiden vor allem unter der stetigen Gewichtszunahme, die sie immer langsamer und unbeweglicher macht. Trägheit und Müdigkeit sind häufige Beschwerden, die Sie jedoch nur mit körperlicher Tätigkeit bessern können. Darüber hinaus sammeln sich Körpersäfte an und können zu Lymph-

Kapha-Frauen leiden meistens an folgenden Beschwerden:

- Gewichtszunahme
- Trägheit, Lethargie, Müdigkeit
- Wasseransammlungen (Ödeme)
- Pilzinfektionen
- Träger Verdauung
- Depressionen, Schwermut

stauungen und Ödemen führen. Hitzewallungen werden jedoch oft nicht als unangenehm empfunden, sind aber mit viel Schweiß verbunden. Die allgemeine Schwere schlägt sich auch gerne auf das Gemüt und kann Traurigkeit, Depressionen und nostalgische Gefühle auslösen.

So beruhigen Sie Ihr Kapha-Dosha:

- Warme Speisen und Getränke
- Leichte Kost, viel Gemüse, Gerste und Dinkelprodukte
- Scharfe und bittere Gewürze (Ingwer, Pfeffer, Kurkuma)
- Wenig trinken
- Weniger als sieben Stunden schlafen, vor 6.00 morgens aufstehen
- Viel Sport und Bewegung
- Wenig Süßes, Saures und Kaltes zu sich nehmen; wenig Salz

Tipps:

Kapha-Frauen müssen sich motivieren, viel Sport zu treiben und ausreichend Bewegung zu haben. Dabei sollten Sie sich nicht nur körperlichen, sondern auch geistigen Herausforderungen stellen.
Leichte, scharfe und warme Kost sind ebenfalls ganz entscheidend. Scharfe Gewürze verbessern nicht nur die Verdauung, sondern erhöhen auch das innere Feuer und die Motivation. Zu langer Schlaf und vor allem Tagesschlaf sollten strikt unterlassen werden. Vorsicht vor zu viel Salz und Süßigkeiten! Regelmäßiges Fasten und Entschlacken sind dagegen dringend notwendig. Geistig sollten Sie sich ebenfalls von alten und unnötigen Belastungen befreien. Entrümpeln Sie immer wieder Speicher und Keller von Gegenständen, die Sie nicht mehr brauchen.

Rezept

Ein Tee, der Kapha-Konstitutionen bei der Entschlackung hilft

Zutaten:

6 – 8 Gewürznelken

1 l Wasser

Die Gewürznelken in einem Mörser zerstoßen, in dem Wasser kurz aufkochen und alles in einer Thermoskanne aufbewahren. Dann warm trinken.

Empfehlenswerte Heilpflanzen und Nahrungsmittel in den Wechseljahren

Nahrungsmittel mit Phytoöstrogenen:

Sojabohnen, Bohnen, Linsen, Getreide, Hopfen, Hafer, Sonnenblumenkerne, Leinsamen, Flachssamen, Erdnüsse, Spargel, Süßkartoffeln, Karotten, Knoblauch, Brokkoli, Granatapfel, Apfel, Kirschen.

Ein Hauptgrund für die zahlreichen Begleiterscheinungen der Wechseljahre ist der Rückgang der körpereigenen Hormonproduktion von Östrogen und Gestagen und das dadurch entstehende Ungleichgewicht im weiblichen Stoffwechsel. Der große Vorteil der natürlichen Hormone, die sogenannten Phytohormone liegt in ihrer guten Verträglichkeit. Sie wirken an vielen Stellen des Körpers, ohne ihn mit unerwünschten Nebenwirkungen zu belasten. Interessant ist, dass die Phytohormone der ganzen Heilpflanze »intelligent« arbeiten. Das heißt, sie wirken nur dort im Organsimus, wo sie wirklich gebraucht werden.
Andere Heilpflanzen dagegen beeinflussen den Hormonhaushalt indirekt, indem sie beispielsweise das vegetative Nervensystem und die Psyche beruhigen und ausgleichen.

Traubensilberkerze (Cimicifuga):

Mehrere Untersuchungen haben gerade in letzter Zeit bewiesen, dass die Traubensilberkerze äußerst wirksam gegen Wechseljahrbeschwerden wirksam ist. Ihre Phytoöstrogene wirken nämlich im weiblichen Körper – im Gegensatz zu den synthetischen Östrogenen – nur dort, wo sie gebraucht werden wie Östrogen. An den Körperstellen jedoch, wo eine östrogene Wirkung unerwünscht oder gar schädlich wäre, wirken sie wie ein Anti-Östrogen, also genau gegenteilig. Es konnte sogar festgestellt werden, dass die Wirkstoffe der

Traubensilberkerze die Vermehrung von Brust- und Gebärmutterkrebszellen sogar hemmt. Außerdem ist erwiesen, dass sie einen Knochen aufbauenden Effekt hat und somit gegen Osteoporose schützt.[1]
Besonders hervorzuheben ist auch ihre vielfältige Wirkung auf die Psyche. Die Traubensilberkerze beruhigt, entspannt, hilft bei Depressionen und bei hysterischen Zuständen.

Rotklee (Trifolium pratense):

Auch der Rotklee ist eine Heilpflanze, die reich an Phytohormonen ist und gut gegen Wechseljahrbeschwerden wirkt. Sie kann als Medikament oder angepflanzt im heimischen Garten auch als Salatbeigabe zugeführt werden.

Saraca indica (Ashoka):

Ashoka ist eine der wichtigsten ayurvedischen Heilpflanzen in der Menopause. Der Name bedeutet wörtlich übersetzt sorgenfrei. Sie kann gegen fast alle Beschwerden der Wechseljahre eingesetzt werden. Sie kühlt die Hitzewallungen, hat einen stark östrogenartigen Effekt und hemmt überstarke Blutungen.

Asparagus racemosus (Shatavari):

Shatavari ist besonders bei Frauen angezeigt, die frühzeitig gealtert sind oder unter Osteoporose leiden. Es ist ein verjüngendes Tonikum (Rasayana) besonders für die weiblichen Fortpflanzungsorgane und die Knochen. Nach Gebärmutterentfernung ist Shatavari hervorragend zur Heilung geeignet.

Mönchspfeffer (Agnus castus)

Seine Wirkungen auf die weiblichen Geschlechtsorgane waren bereits im Altertum bekannt. Mönchspfeffer wird dank seiner Phytohormone im Klimakterium und bei allerlei Frauenbeschwerden erfolgreich eingesetzt. Aber auch Schwellungen und Schmerzen, die aus einer hormonellen Dysregulation heraus entstehen, können damit gut behandelt werden.

Frauenmantel (Alchemilla vulgaris)

Wie der Name schon sagt, ist dieses Heilkraut ein Spezifikum bei vielen weiblichen Störungen. Der Frauenmantel reguliert die Menstruation bei ausbleibenden oder unregelmäßigen Blutungen. Er reinigt den Unterleib und vermindert viele Arten von Ausfluss. Er kann innerlich, äußerlich und als Sitzbad angewandt werden.

Aloe vera (Kumari):

Aloe vera dürfte mittlerweile jederfrau durch den Boom der vergangenen Jahre bekannt sein. Allerdings wird es heutzutage von vielen Anbietern gegen allzuviele Beschwerden angeboten, was sicherlich übertrieben ist. Kumar heisst wörtlich Jungfrau und ist im alten Indien die Bezeichnung einer jungen Frau zwischen erster Menses und Hochzeit. Kumari reguliert allerlei Menstruationsbeschwerden und lindert Mensschmerzen. Sie fördert die Menstruation und entstaut dadurch den Unterleib. Kumari hat auch einen kühlenden Effekt auf die Hitzewallungen. Es muss jedoch über einen längeren Zeitraum eingenommen werden.

Süßholz (Liquiritia officinalis)

Im Ayurveda kommt dem Süßholz eine sehr große Rolle zu. Es kühlt und kann als Tee hervorragend gegen Hitzewallungen eingesetzt werden. Süßholz ist ein allgemeines Verjüngungsmittel, das positive Effekte auf die Knochen, die Lungen und die Schleimhäute hat. Es ist in warmer Milch gekocht ein gutes, kräftigendes Nerventonikum bei schwachen und nervösen Frauen.

Süßholzwurzel sollte nicht über einen längeren Zeitraum ohne therapeutische Kontrolle eingenommen werden, da es den Blutdruck erhöhen und Knöchelödeme hervorrufen kann.

Rosmarin (Rosmarinus officinalis)

Der Rosmarin ist vor allem wegen seiner nervenstärkenden Wirkung bei Wechseljahrbeschwerden sehr hilfreich. Er beruhigt und ist außerdem ein gutes Tonikum bei Erschöpfungszuständen. Rosmarin reguliert viele Arten von Menstruationsbeschwerden und hilft gegen Ausfluss. Durch seine aromatischen Eigenschaften eignet er sich hervorragend zur Aromatherapie.

Eisenkraut (Verbena officinalis)

Auch das Eisenkraut hat regulierende Einflüsse auf klimakterische Beschwerden wie ausbleibende oder unregelmäßige Menstruation.

Kapitel VII: Die Frau nach der Menopause (Prasudi)

Wie bleibt man möglichst bis ins hohe Alter gesund und glücklich? Mit dieser Frage haben sich Generationen von Wissenschaftlern und Ärzten seit jeher beschäftigt. Eine endgültige Antwort jedoch sind sie uns bis heute schuldig geblieben. Der Ayurveda, der sich selbst als Wissen des Lebens bezeichnet, hat darauf klare Antworten. Jeder Mensch hat ein von Geburt an festgelegtes Quantum an Lebensenergie. Je nachdem, wie sparsam oder verschwenderisch er damit umgeht, umso eher werden ihn Krankheiten und Tod heimsuchen. Ein genügsamer Umgang mit Ihrer Lebensenergie bedeutet zusammengefasst, dass Sie:

- Ihre wahre Natur, sprich Konstitution, kennen und gemäß Ihrer Natur einen regelmäßigen Lebensrhythmus pflegen. Das heißt, dass Sie zeitig zu Bett gehen, frühzeitig aufstehen und zu den üblichen Zeiten essen,
- eine Ernährungsform einhalten, die Ihrer Konstitution entspricht und die Sie an das jeweilige Klima und die Jahreszeit anpassen. Das heißt, eine Ernährung wählen, die entsprechend den ayurvedischen Empfehlungen frisch zubereitet und gegessen wird und die täglich alle sechs Geschmacksrichtungen beinhaltet,
- Sie ein tägliches Bewegungstraining gemäß Ihrer Konstitution und Ihres Alters praktizieren,
- Sie eine enge und liebevolle Bindung zu Ihrer Familie leben und
- Sie selbst mit sich und Ihrem Handeln einverstanden und zufrieden sind.

Auf einen einfachen Nenner gebracht: Sie müssen rechtzeitig Vorsorge treffen und mit sich im Reinen sein. Wie das im Einzelnen aussehen könnte, habe ich nachfolgend anhand einiger Krankheitsbilder beschrieben.

Die Osteoporose

Eine der am meisten geäußerten Sorgen vieler Frauen ist die Angst vor der Altersknochenbrüchigkeit (Osteoporose). Jeder Mensch unterliegt ab dem 40. Lebensjahr einem natürlichen Knochenabbau, ohne dass dieser sich zunächst großartig bemerkbar macht. Bei Frauen ist dieser Abbau viermal stärker als bei Männern und macht in den ersten zehn Jahren nach der Menopause jährlich

etwa zwei Prozent der Knochenmasse aus. Jede Frau kann jedoch mit geeigneten Maßnahmen und gezielter naturheilkundlicher Therapie erfolgreich dagegen vorgehen.
Klinisch betrachtet ist die Osteoporose eine degenerative Erkrankung, bei der der Knochenabbau größer ist als der Aufbau. Aus ayurvedischer Sicht jedoch ist die Osteoporose nicht nur eine Mangelerkrankung der Knochen, sondern des gesamten Menschen. Bei genauer Untersuchung lassen sich in der Regel eine Reihe anderer Zeichen finden, die auf eine Unterversorgung anderer Teile des Körpers hinweisen. Der Mensch verliert seinen Halt, seine Stabilität, seine Flexibilität und seine Kraft. Die Brüchigkeit der Knochen ist also nicht die eigentliche Krankheit, sondern das Resultat eines andauernden Prozesses, der den gesamten Menschen seit vielen Jahren subtil begleitet und sich erst jetzt klinisch feststellen lässt. Gerade hier zeigt sich, wie wichtig die Gesundheitsvorsorge ist und wie erfolgreich mit Ayurveda Krankheiten wie die Osteoporose im Vorfeld vermieden oder zumindest hinausgezögert werden können.

Vier Faktoren zum Schutz gegen Osteoporose

1. Konstitution

In erster Linie betroffen sind naturgemäß die Konstitutionen, die schon immer etwas zu wenig auf den Knochen hatten, also die reine Vata-Konstitution und die Vata/Pitta-Konstitution. Das bedeutet jedoch nicht automatisch, dass jede Vata-Konstitution eine Osteoporose entwickeln muss.
Sie sind vor allem gefährdet, wenn diese Erkrankung bereits familiär gehäuft aufgetreten ist. Dann müssen Sie auch verstärkt Vorsichtsmaßnahmen treffen. Der einfachste und effektivste Weg ist die tägliche Ölmassage beziehungsweise Selbstölung. Osteoporotische Knochen leiden unter vermehrter Trockenheit und werden immer spröder. Das beste Mittel, um dies aufzuhalten, ist – neben der richtigen Ernährung – das Einreiben von pflanzlichem Öl, vorzugsweise Sesamöl, aber auch Olivenöl, Mandelöl, Butterschmalz (Ghee) und Schweineschmalz sind dafür bestens geeignet.

Schweineschmalz immer mit Sesamöl mischen und nur lokal – nicht am ganzen Körper – anwenden.

Neben den medizinischen Kräuterölen werden bei richtigen Panchakarma-Kuren auch spezielle Einläufe gemacht, die gezielt aufbauend auf das Knochengewebe einwirken.

Im Ayurveda kennt man zusätzlich ganz spezielle Kräuteröle, die man bei Osteoporose vorbeugend oder zur Behandlung einsetzt. Diese werden bei Ayurveda-Kuren verwendet und sollten nur vom Ayurveda-Therapeuten verschrieben werden.

Alle Konstitutionen müssen im Alter auf eine Vata-reduzierende Diät achten, besonders wenn Sie zum Untergewicht neigen. Außerdem sollten Sie sich an die Empfehlungen bezüglich Ihrer Konstitution halten, die Sie im ersten Kapitel (ab Seite 34) nachlesen können.

Neben der konstitutionellen Komponente spielen andere Faktoren, die Sie selbst sehr gut beeinflussen können, eine mindestens ebenso entscheidende Rolle.

2. Ernährung

Alle Körpergewebe werden Tag für Tag neu gebildet. Doch welche Qualität Plasmagewebe (Rasa-Dhatu) oder Blutgewebe (Rakta-Dhatu) haben, entscheiden Sie zum größten Teil selbst anhand Ihrer Ernährung und Ihrer Verdauung. Das Gleiche gilt auch für Ihr Knochengewebe (Asthi-Dhatu). Aus ayurvedischer Sicht spielen dabei Kalzium oder Phosphor eine weniger wichtige Rolle, obwohl einige der nachfolgenden Nahrungsmittel viel davon enthalten.

Alles, was schwer ist, wird auch einen positiven Effekt auf Ihre Knochen haben. Der Nachteil ist jedoch, dass schwere Kost in der Regel auch schwer verdauliche Kost bedeutet, und sie birgt immer die Gefahr von Schlacken (Ama) und Verdauungsstörungen. Nachfolgend schauen wir uns daher nur die leichter verdaulichen, aber trotzdem nährenden Nahrungsmittel an.

Milchprodukte

Warme Milch, Ghee, Butter und Buttermilch sind die wichtigsten Nahrungsmittel aus der Gruppe der Milchprodukte. Auch Quark, Frischkäse und mit Abstrichen Naturjoghurt sind empfehlenswert.

Ein Knochenaufbau ohne Ghee, Butter und Milch ist kaum möglich.

Bei erhöhten Cholesterinwerten sollten Sie vorwiegend Ghee anstatt Butter verwenden. Mit Ghee können Sie nur durch unvernünftig große Mengen Ihren Cholesterinwert erhöhen, ansonsten hat Ghee keinen Einfluss darauf. Zum Thema Cholesterin lesen Sie bitte auch den Abschnitt *Übergewicht und erhöhte Blutfettwerte* in diesem Kapitel (siehe Seite 139).

Bei der Milch sollten Sie immer darauf achten, dass Sie die natürlichste Milch wählen mit dem normalen Fettgehalt zwischen 3,5 und 3,8 Prozent. Fettarme oder ultrahocherhitzte Milch sollten Sie nur in Ausnahmefällen benutzen. Bei Übergewicht und hohem Cholesterin reichen ein bis zwei Tassen warme Milch am Tag. Sie können jedoch auch gleich auf Buttermilch (zwei Gläser am Tag) ausweichen: sie wirkt entschlackend und leicht abführend. Aber bei ihrem Genuss sollten Sie darauf achten, sie niemals direkt aus dem Kühlschrank zu trinken, sondern vorher mindestens 30 Minuten im Zimmer stehen zu lassen.

Bitte beachten Sie: Joghurt niemals am Abend essen, da er sonst Probleme im Stoffwechsel bereitet.

Fleisch

Harte, fasrige Fleischsorten sind am besten geeignet, besonders Hirsch, oder Fleischsuppen. Auch Knochenmark wirkt knochenaufbauend, beispielsweise als Markklößchensuppe.

Nahrungsmittel, die hart zerkaut werden müssen (Bhakshya)

Unter Bhakshya versteht man Nahrungsmittel, die hart und fasrig sind und die man gut zerkauen muss. Beispiele hierfür sind: Schwarzbrot, Müsli, alle Nüsse, Wurzelgemüse und Rohkost (Obst und Salate). Da diese Nahrungsmittel jedoch schwer verdaulich sind, sollten Sie die Menge, die Sie davon essen, unbedingt begrenzen. Außerdem können Sie durch einfache Maßnahmen einige davon leichter verdaulich machen: das Schwarzbrot sollten Sie unbedingt vorher toasten, das Müsli vorher (in warmer Milch) etwas einweichen, die Wurzelgemüse zumindest ankochen und gut würzen sowie den Salat grundsätzlich nach dem Essen zu sich nehmen. Der Rohkostanteil sollte immer der aktuellen oder konstitutionellen Verdauungskraft angepasst werden. Bei Verdauungsschwäche und akuten oder chronischen Krankheiten sollte die Rohkost deutlich eingeschränkt oder gemieden werden.[58]

Öle und ölhaltige Nahrungsmittel

Alle pflanzlichen Öle – vor allem Olivenöl – sind auch gut gegen Osteoporose. Sie sollten jedoch die Öle nicht erhitzen, sondern das Essen besser mit Ghee anbraten. Erhitztes Ghee ist deutlich hitzestabiler als jedes Pflanzenöl und zudem besser bekömmlich. Benutzen Sie die Öle entweder zu den Salaten und zur Rohkost oder träufeln Sie etwas Öl nach dem Servieren auf das Essen. Hierbei reichen geringe Mengen Öl vollkommen aus. Wichtig ist natür-

lich die Qualität: Benutzen Sie nur kaltgepresstes Olivenöl mit den Hinweisen *Aus erster Pressung* und *Beim Erzeuger abgefüllt*.
Auch ölhaltige Nahrungsmittel wie Samen und Nüsse helfen Ihren Knochen, stabil zu bleiben. Sesamsamen beispielsweise enthalten sehr viel Kalzium und Kieselerde (Silicea). Beides ist für den Knochenaufbau unbedingt notwendig.

3. Sport und Bewegung

Auf ein vernünftiges Bewegungstraining reagiert ein Knochen vergleichbar mit einem Muskel: Er wird kräftiger und stabiler. Ein Knochen, der nicht belastet wird, verliert schon nach wenigen Wochen mehr als die Hälfte seiner Stabilität.

Die schützende und nährende Gelenkflüssigkeit wird von Kapha-Dosha gebildet. Bei zu starkem und zu häufigem Training aber auch mit zunehmendem Alter wird Kapha-Dosha gesenkt und Vata-Dosha erhöht. Die Knorpelflüssigkeit reduziert sich dabei immer mehr und der Knorpel wird zunehmend abgebaut. Daher ist das richtige Körpertraining für Ihre Gesundheit entscheidend.

Andererseits kann man Knochen und Gelenke mit falschem oder zu anstrengendem Training auf Dauer frühzeitig verschleißen, was fast jeder Leistungssportler mit der Zeit zu spüren bekommt. Vata-Dosha ist von Natur aus sehr stark in den Knochen repräsentiert. Es ist von seinen Eigenschaften her trocken, schwach, spröde und leicht. Da Vata-Dosha mit zunehmendem Alter (Vata-Zeit) immer weiter ansteigt, werden die Knochen brüchiger und zerbrechlicher. Anstrengender Sport wird Vata-Dosha in den Knochen zusätzlich erhöhen und sie schwächen. Es ist also falsch zu behaupten, dass Sport immer gesund und viel Sport sehr gesund ist. Und das gilt besonders für Menschen jenseits der Lebensmitte. Sie sollten daher unbedingt in einem solchen Maße Sport treiben, wie es im späteren Abschnitt *Das gesunde Training* (siehe Seite 129) beschrieben ist.

4. Gesundheitsvorsorge und Lebensweise

Der Ayurveda betont immer wieder, wie wichtig es ist, in jungen Jahren Reserven für das Alter anzulegen. Bei der finanziellen Altersvorsorge ist uns dieses Prinzip bestens bekannt, bei der körperlichen Altersvorsorge jedoch weniger. Doch dürfte jedem klar sein, dass es mit zunehmendem Alter immer schwieriger wird, seinen Körper aufzubauen und zu kräftigen. Ebenso wird ein Mensch, der in jungen Jahren viel Leistungssport, harter Arbeit oder einem aufzehrenden Lebenswandel nachgegangen ist, früher altern als andere. Der Organismus brennt einfach auf höherer Flamme und das Feuer braucht die Körperreserven schneller auf. Diese vorzeitige Alterung kann zwar später nicht mehr aufgeholt werden, sie kann sich jedoch durch geeignete therapeutische Maßnahmen und einen geregelten Lebensrhythmus wieder verlangsamen. Im Klartext: ein Knochen, der sich in jungen Jahren durch falsche Lebensweise abbaut, kann nie wieder so stark werden, wie er in jungen Jahren gewesen ist. Je früher Sie den Knochen wieder aufbauen, umso besser kann er sich wieder regenerieren. Dieses Prinzip gilt für alle Altersphasen. Wenn Sie heute 60 Jahre alt sind und anfangen, Ihren Knochen aufzubauen, können Sie mehr erreichen, als wenn Sie erst mit 65 oder 70 Jahren anfangen. Die Gesundheitsvorsorge ist der wichtigste Baustein für ein gesundes Leben.

Herz-Kreislauf-Erkrankungen

Ein sehr guter Edelstein bei nervösem oder schwachem Herzen ist der Achat. Am besten als Halskette nahe beim Herzen tragen.

Erkrankungen an Herz und Kreislauf gehören zu den häufigsten Krankheiten unserer modernen Gesellschaft. Und sie sind bei Männern wie Frauen die Todesursache Nummer eins. Die wichtigsten Faktoren, die eine Herz-Kreislauf-Erkrankung begünstigen, sind Bluthochdruck, Übergewicht, erhöhte Blutfettwerte, Arteriosklerose und Stress. Im Grunde sind alle Faktoren in der Regel durch falsche Lebens- und Ernährungsweise selbst verursacht. Anhand dessen sieht man, dass ein Großteil der Herz-Kreislauf-Erkrankungen durch eine richtige Lebensweise vermeidbar wäre. Nachfolgend möchte ich Ihnen ein paar wichtige Tipps geben, damit auch Sie die Möglichkeit haben, bestmöglich die Herz-Kreislauf-Erkrankungen im Vorfeld zu verhindern oder zumindest zu verzögern.

Bluthochdruck (Hypertonie)

Wer Krankheiten vorbeugen will, sollte sich regelmäßig ein- bis zweimal im Jahr untersuchen lassen, auch wenn man keine Beschwerden verspürt. Zu einer simplen Vorsorgeuntersuchung zählt selbstverständlich auch die Blutdruckmessung. Mit zunehmendem Alter steigt das Risiko eines erhöhten Blutdrucks, der möglichst schnell erkannt werden sollte. Ein unerkannter Bluthochdruck schädigt Gefäße, das Herz und die Nieren.

Bitten Sie Ihren Therapeuten, dass er an beiden Armen den Blutdruck misst.

Tipps bei erhöhtem Blutdruck:

Je nach Konstitution muss jeder Bluthochdruck anders behandelt werden. Bei Vata-Konstitutionen ist er meist nervös und altersbedingt, daher helfen hier Meditation, Entspannung und nervenstärkende Heilpflanzen. Bei Pitta-Konstitutionen muss regelmäßig entgiftet und Aderlass gemacht werden. Während bei Kapha-Konstitutionen regelmäßige Gewichtskontrollen, Sport, Bewegung, Fasten und Entschlackung unerlässlich sind.
Halten Sie sich grundsätzlich an die Lebens- und Ernährungsweise, die Ihrer Konstitution entspricht, das kann oft schon den Blutdruck mit der Zeit etwas bessern. Zusätzlich gibt man im Ayurveda spezielle Heilpflanzen, die den Blutdruck effektiv senken.

Übergewicht und erhöhte Blutfettwerte

Achten Sie darauf, dass Sie richtig Sport treiben, so wie es in dem späteren Abschnitt Das gesunde Training *(siehe Seite 143) beschrieben steht.*

Ein Teil der Frauen nehmen nach der Menopause deutlich an Gewicht zu, während der andere Teil sogar an Gewicht verlieren kann. Menschen, die konstitutionell eher zur Gewichtszunahme neigen, müssen schwere, Kapha-produzierende Nahrung vermeiden. Fleisch, Wurst, fettes Essen, Süßigkeiten und Milchprodukte sollten deutlich reduziert werden. Gesunder Sport und Bewegung dagegen sind notwendig, um die überschüssigen Pfunde zu verbrennen. Das Gleiche gilt für Menschen mit erhöhten Blutfettwerten, die oft mit Übergewicht einhergehen. Auf fettfreie oder fettreduzierte Nahrungsmittel sollten Sie jedoch möglichst verzichten, da sie meist industriell verarbeitet sind. Essen Sie besser das natürliche Produkt, aber in Maßen und ernähren Sie sich gemäß den ayurvedischen Ernährungsregeln.

Gefäßverkalkung (Arteriosklerose)

Die Entstehung von Arteriosklerose kann mehrere Ursachen haben. Hauptursache ist oft ein unbehandelter Bluthochdruck. Aber auch die im Abschnitt *Übergewicht und erhöhte Blutfettwerte* (siehe Seite 139) erwähnten Ernährungssünden spielen eine wichtige Rolle. Zu viel Fett, zu energiereiches Essen, zu viel Fleisch, Wurst und Käse begünstigen eine Arteriosklerose. Aus ayurvedischer Sicht ist die Arteriosklerose einerseits ein Alterungszeichen und andererseits ein Hinweis für ein Übermaß an Ama im Organismus. Wenn das Blut durch Ama überfrachtet ist, wird es dicker und zäher. Das Ama bleibt dann leichter an den Gefäßwänden kleben und kann so mit der Zeit eine Gefäßverkalkung auslösen.
Dies ist ein weiteres Beispiel, wie Sie durch gesunde Ernährung und eine gute Verdauungskraft (Agni) schwere Krankheiten vermeiden können. Mit ayurvedischen Heilpflanzen und Panchakarma-Kuren sollten Sie jedoch immer wieder zusätzlich Ihren Organismus entgiften und Ihre Gefäße verjüngen.

Stress

Emotionaler und körperlicher Stress begünstigen auf Dauer ebenfalls Herz-Kreislauf-Erkrankungen. Dabei versteht man unter Stress jede Art von anhaltender Anspannung und Belastung. Wenn Sie also ständig in Zeitnot sind, weil Sie zu viele Termine haben oder beim Sport eine neue Bestzeit unterbieten wollen oder weil das Mittagessen um Punkt zwölf auf dem Tisch stehen muss, fügen Sie sich und Ihrem Körper Stress zu. Sie kennen sicherlich das gute Gefühl im Urlaub, wenn Sie mal so richtig loslassen und entspannen können. Vielleicht haben Sie dann auch bemerkt, wie locker man in südlicheren Ländern mit Hektik und Zeitdruck umgeht. Wir meinen oft, dass bei uns alles perfekt und effizient ablaufen muss. Aber warum? Ist es wirklich so schlimm, wenn man mal zu spät kommt? Ist es denn ein Weltuntergang, wenn das Essen erst ein paar Minuten später fertig wird oder die Wohnung nicht blitzblank sauber ist? Nicht umsonst gibt es in den Mittelmeerländern deutlich weniger Herz-Kreislauf-Erkrankungen. Und das liegt sicherlich weniger am angeblich so herzschonenden Olivenöl.
Sie sind jetzt in einem Alter, in dem Sie das Leben in vollen Zügen genießen sollten und nicht mehr nur die Pflichten des Alltags erfüllen müssen. Entspannen Sie sich und genießen Sie das Leben.

Erhöhte Cholesterinwerte (Hypercholesterinämie)

Viele Frauen leiden unter erhöhten Cholesterinwerten, die oft bereits in jungen Jahren durch die Antibabypille verursacht worden sind. Am so genannten Gesamtcholesterin kann man nur wenig über den tatsächlichen Gesundheitszustand ablesen. Viel wichtiger ist das Verhältnis zwischen den beiden Cholesterinwerten HDL und LDL. HDL ist das »gute« Cholesterin, das möglichst über dem Wert von 40 liegen sollte, während das »schlechte« Cholesterin (LDL) möglichst unter dem Wert von etwa 135 liegen sollte.
Erhöhte Cholesterinwerte (Hypercholesterinämie) und erhöhte Fettwerte (Triglyzeridämie) sind allgemein ein Zeichen für viel Ama im Körper und Probleme mit der Leber. Die Leber ist dann mit der Entgiftung so überfordert, dass sie die aufgenommenen Fette nicht mehr richtig verarbeiten kann. Dies kann durch jahrelangen Medikamenten- und Alkoholmissbrauch oder aber durch eine angeborene Leberschwäche verursacht werden. Die Hypercholesterin- und Triglyzeridämie gehören daher immer mit ausleitenden Therapien und entschlackenden Heilpflanzen sorgfältig behandelt und nur in Ausnahmefällen mit so genannten Lipidsenkern. Der Patient muss eine kontinuierliche Ernährungsumstellung nach ayurvedischen Richtlinien einhalten und eventuell verursachende Medikamente (Hormone, Schmerzmittel) unter therapeutischer Aufsicht langsam absetzen.
Ein nur leicht erhöhter Cholesterinwert ist zwar auch behandlungsbedürftig, lassen Sie sich aber davon nicht zu sehr ängstigen. Er ist nur einer von vielen Faktoren, der eine spätere Herz-Kreislauf-Erkrankung begünstigen kann. Wenn Sie ansonsten gesund leben und trotz guter Ernährung das erhöhte Cholesterinniveau nicht senken können, kann man dies im Alter akzeptieren.

Schlafstörungen

Mit zunehmendem Alter fällt vielen Frauen das Schlafen schwerer. Da Vata-Dosha und damit auch die Unruhe natürlicherweise mit jedem Lebensjahr ansteigen, ist es ein normaler Vorgang, dass das Schlafbedürfnis bei älteren Leuten sinkt. Achten Sie auf eine Vata-Dosha-befriedigende Lebensweise. Vermeiden Sie Fernsehen und aufregende Bücher am Abend. Anregende Getränke wie Kaffee, Schwarztee, aber auch Kräutertees sollten nicht mehr nach 16.00 Uhr getrunken werden. Steigen Sie auf koffeinfreien Kaffee um oder wechseln Sie gleich zu grünem Tee, der zwar auch anregt, aber keine negativen Wirkungen hat. Trinken Sie am Abend keine größeren Mengen und keine Tees, die Sie nachts auf die Toilette treiben. Eine kleine Tasse beruhigenden Tee oder noch besser eine Tasse warme Milch fördern den Schlaf.

Rezept
Einschlafgetränk

Zutaten:
1 Tl Süßholzwurzel
fein gehackte Mandeln
1 Messerspitze Muskatnuss
3 Safranfäden
1 Tasse Wasser
1 Tasse Milch
Rohrzucker

Die Süßholzwurzel, die Mandeln, die Muskatnuss und die Safranfäden so lange in dem Milch-Wasser-Gemisch kochen, bis nur noch eine Tasse übrig ist. Dann warm mit etwas Rohrzucker trinken.

Ölen Sie sich am Abend am ganzen Körper mit einer Mischung aus Sesam- und Mandelöl ein und gehen Sie anschließend 15 bis 20 Minuten in die Badewanne. Bevor Sie im Bett das Licht ausmachen, können Sie noch eine kleine Meditation oder eine beruhigende Pranayama-Atemübung machen.

Verstopfung

Die Verstopfung ist ebenfalls ein häufiges Problem im Alter und eine typische Begleiterscheinung eines erhöhten Vata-Dosha. Mit ayurvedischen Heilpflanzen kann man selbst hartnäckige Verstopfung ohne schädliche Nebenwirkungen gut in den Griff bekommen. Vermeiden Sie bitte allopathische Abführmittel, da Sie abhängig machen und den Darm austrocknen. Auch bekannte pflanzliche Abführmittel wie die Sennesblätter stellen nur kurzzeitig eine Alternative dar, da sie ebenfalls den Darm austrocknen. Wichtig ist auch hier eine Vata-Dosha-beruhigende Ernährung. Ölende Nahrungsmittel wie Ghee, Milch, Buttermilch, Pflanzenöle sind meistens unerlässlich.
Nachfolgend ein paar wichtige Tipps:

- Trinken Sie morgens warmes Wasser, das die ganze Nacht über in einem

Kupfertopf aufbewahrt wurde. Kupfer hat eine beruhigende Wirkung auf Vata-Dosha.

- Trinken Sie eine Stunde vor dem Schlafen warme Milch mit einem Teelöffel Ghee und etwas Rohrzucker.
- Weichen Sie ein bis zwei gehäufte Esslöffel Flohsamenhülsen in warmem Wasser ein und trinken Sie es vor dem Schlafengehen. Verstärkt wird diese Wirkung, wenn Sie Wasser benutzen, das Sie einen Tag lang in einem reinen Kupfergefäß aufbewahrt haben.
- Bei sehr hartnäckiger Verstopfung können Sie auch zwei bis drei Esslöffel Rizinusöl in heißem Wasser vor dem Schlafen einnehmen.

Folgende Nahrungsmittel fördern den Stuhlgang:

- Feigen, Pflaumen
- Milch, Buttermilch, Ghee
- Rohrzucker
- Pflanzliche Öle
- Molke
- Spinat
- Suppen (mit Glasnudeln)
- Weiße Zwiebeln
- Knoblauch

Das gesunde Training

Besonders im Alter ist es sehr wichtig, dass Sie richtig trainieren. Ein richtiges Training umfasst Übungen, die auf Ihre Konstitution, Ihre Verfassung und Ihr Alter Rücksicht nehmen. Ein leichtes Bewegungstraining, Yoga und spezielle Atemübungen sind dafür am besten geeignet. Hier ein paar wichtige Tipps für ein gesundes Bewegungstraining:

- Auf den Pulsschlag achten: Bleiben Sie während des Trainings immer bei einem Puls zwischen 120 und 135 Schlägen pro Minute. Das kräftigt und stärkt Ihr Herz-Kreislauf-System. Pulsschläge ab 140 pro Minute dagegen belasten Ihren Körper und erhöhen auf Dauer das Risiko einer Herz-Kreislauf-Erkrankung.
- Die Atmung kontrollieren: Der Atem ist gekoppelt an den Pulsschlag. Je schneller und unvollkommener, die Atmung umso höher und ungesünder ist der Pulsschlag. Atmen Sie so, dass Sie möglichst durch die Nase ein und

durch den Mund ausatmen. Vermeiden Sie reine Mundatmung. Wenn der Atem zu schnell wird, senken Sie Tempo und Belastung, bis Sie wieder zu einer kontrollierten Atmung zurückgefunden haben.

- Die Gelenke schonen: Praktizieren Sie weiche, kontinuierliche Bewegungen, ohne einseitige Belastungen. Suchen Sie sich einen weichen Untergrund dafür. Waldboden und Rasen sind dafür sehr gut geeignet, während der harte Straßenasphalt nicht gut für die Gelenke ist. Gute Sportarten sind Walking, Radfahren und Schwimmen, aber auch lange Spaziergänge.
- Auf die Schweißbildung achten: Aus ayurvedischer Sicht ist der Schweiß kein gesundes Zeichen der Entgiftung, sondern eine Notreaktion des Körpers, um eine unnatürliche Erhöhung der Körpertemperatur zu senken. Schwitzen schwächt den Körper. Daher begrenzen Sie die Schweißbildung, indem Sie auf die vorher genannten Punkte achten und den Körper nicht unnötig in eine Krisenreaktion bringen.

Yoga

Yoga ist von allen Bewegungsarten die förderlichste für Körper und Geist. Sie sollten Yoga jedoch nicht aus einem Buch, sondern unter Anleitung eines guten Yoga-Lehrers erlernen.

Prana – die kosmische Lebensenergie

Gesundes Atmen regeneriert die Lebenskraft Prana und nährt Geist und Körper.

Prana ist der Odem des Lebens. Mit jedem Atemzug führen wir uns ein Stück kosmische Lebensenergie zu, die sich durch unsere Lungen in das Blut und über die Nervenbahnen im ganzen Körper verteilt. Prana nährt und kontrolliert alle Lebensvorgänge und Lebensenergien im Körper. Wir erneuern damit die subtilste Energie unseres kleinen Mikrokosmos (Körper) mit der allgegenwärtigen kosmischen Energie des großen Makrokosmos (Universum) und sind nur dadurch überhaupt in der Lage, unseren Organismus in jedem Augenblick am Leben zu halten.

Der Atem steht in enger Verbindung mit unserem Geist. Jeder Gedanke beeinflusst unsere Atmung und umgekehrt. Wenn wir daher unsere Atmung bewusst trainieren, hat das einen beruhigenden, regulierenden Einfluss auf unsere Denktätigkeit.

Grundsätzlich sollten Sie darauf achten, dass Ihre Atmung ausgeglichen und tief ist. Sobald Sie oberflächlich und hauptsächlich im Brustbereich atmen, schöpfen Sie nicht die volle Kraft aus Ihrem Atem. Eine gesunde Atmung sollte vorwiegend im Bauchraum stattfinden. Dabei hebt sich die Bauchdecke beim Einatmen und senkt sich wieder beim Ausatmen. Durch diesen Vorgang werden alle Organe des Bauchraumes durch das Zwerchfell bewegt. Die Zwerchfellbewegung wirkt wie eine Massage auf Ihre Organe und bessert den Säfte- und Lymphfluss im Bauchraum. Dies hat auf Dauer auch einen sehr positiven Effekt auf Ihre Verdauung.

Kleine Übung zur Bauchatmung

Legen Sie sich bequem auf den Rücken und legen Sie Ihre Hände auf den Bauch. Schließen Sie die Augen und versuchen Sie sich zu entspannen. Dann konzentrieren Sie sich auf Ihre Atmung. Atmen Sie bewusst in den Bauchraum hinein und spüren Sie, wie sich Ihre Bauchdecke bei jedem Einatmen hebt und bei jedem Ausatmen senkt. Je entspannter und bewusster Sie diese Übung machen, umso tiefer wird der Atem und umso leichter bewegt sich die Bauchdecke auf und ab. Mit der Zeit entwickeln Sie ein Gefühl für diese Bauchatmung und spüren deutlich den Unterschied zur flacheren Brustatmung. Sie sollten sich dieses Gefühl während des Tages immer wieder bewusst machen, wenn Sie merken, dass Sie sich wieder in der Brustatmung befinden. Dann können Sie anhand der kleinen Übung – auch im Sitzen – versuchen, wieder von Brust- auf Bauchatmung umzuschalten. Besonders wenn Sie gestresst oder unruhig sind, wird Ihnen die Bauchatmung immer wieder wertvolle Dienste erweisen.

Pranayama

Der Körper hat einen natürlichen Rhythmus, bei dem er abwechselnd verstärkt durch das rechte, dann wieder durch das linke Nasenloch atmet. Dieser Wechsel findet etwa jede Stunde statt.

Pranayama sind spezielle Atemtechniken des Yoga, um einerseits Körper und Geist von Abfallstoffen zu reinigen und sie andererseits zu stärken und zu beruhigen. Man hat erkannt, dass die rechte Körperhälfte dem heißen, aktiven Prinzip der Sonne und die linke Seite dem kühlen, beruhigenden Prinzip des Mondes zugeordnet ist. Atmet man vermehrt durch das rechte Nasenloch, so steigen dadurch die hitzigen Anteile des Körpers; umgekehrt wirkt die Atmung durch das linke Nasenloch kühlend.

Man beschreibt insgesamt neun verschiedene Arten von Pranayama-Übungen, von denen hier nur die wichtigste vorgestellt werden soll. Anhand der Beschreibung können Sie diese Atemübung auch als Anfänger durchführen. Ein erfahrener Yoga-Lehrer, der Sie genau in diese Atemtechnik einweist und die Durchführung so lange kontrolliert, bis Sie sie fehlerfrei beherrschen, kann Ihnen dabei natürlich idealerweise helfen.

Die wechselseitige Atmung

Nehmen Sie eine bequeme Meditationssitzhaltung ein. Sie können als Unterstützung eine Decke oder ein Kissen unter Ihr Gesäß schieben. Wichtig ist, dass Sie in dieser Position entspannt zehn bis 15 Minuten sitzen können.

Die wechselseitige Atmung ist für alle Konstitutionen besonders im Alter geeignet. Sie verhilft Ihnen zu Ruhe, gleicht die Energien im Körper aus und stärkt Bewusstsein und Konzentration. Wenn man sie am Abend durchführt, fördert sie auch den Schlaf.

Sie können die wechselseitige Atmung bis zu dreimal am Tag praktizieren.

Bevor Sie mit der Übung beginnen, putzen Sie sich die Nase und atmen dann mit geschlossenen Augen einige Male ruhig durch die Nase ein und aus. Dann strecken Sie die Finger der rechten Hand aus und beugen die Zeige- und Mittelfinger zusammen, halten aber dabei die übrigen Finger gestreckt. Daumen und Ringfinger müssten sich jetzt in etwa auf gleicher Höhe befinden. Mit diesen beiden führen Sie die wechselseitige Atmung durch. Verschließen Sie nun mit dem Daumen das rechte Nasenloch und atmen Sie tief durch das linke ein. Danach verschließen Sie mit dem Ringfinger das linke Nasenloch, öffnen das rechte und atmen durch dieses langsam wieder aus.
Am Anfang sollten Einatmen und Ausatmen in etwa gleich lang andauern. Nach einigen Atemzügen jedoch versuchen Sie das Ausatmen mehr und mehr zu verlängern. Das Ausatmen kann bei Geübten leicht doppelt oder dreimal so lange dauern wie das Einatmen. Nach etwa fünf bis zehn Minuten sollten Sie wechseln und durch das rechte Nasenloch ein- und durch das linke wieder ausatmen.

Ein gesunder und glücklicher Lebensabend

Drei Punkte erscheinen mir wichtig, um einen gesunden und glücklichen Lebensabend zu verbringen.

1. Eine gesunde Lebensweise, die Ihrer Konstitution und Ihrem Alter entspricht. Da Vata-Dosha im Alter ansteigt, sollten Sie, auch wenn Sie eine Pitta- oder Kapha-Konstitution sind, eine Vata-beruhigende Lebensweise einhalten. Wenn Sie die Möglichkeit haben, machen Sie regelmäßig ein- bis zweimal im Jahr eine Ayurveda-Kur. Damit kräftigen und verjüngen Sie Körper und Geist und beugen Alterserscheinungen und Krankheiten vor.
2. Eine gesunde Bindung zur Familie. Die herausragende Bedeutung, die der Familie in den Veden gegeben wird, wurde in diesem Buch bereits mehrmals hervorgehoben. Für viele Großeltern gibt es ja zu Recht kaum etwas Schöneres, als den Enkel auf dem Schoß sitzen zu haben und ein wertvoller Teil der Familie zu sein. Suchen Sie nach einer engen, vertrauensvollen Bindung zu Ihren Angehörigen und begehen Sie nicht den Fehler zu glauben, niemand brauche Sie mehr. Die Erfahrung und das Wissen der Älteren sind wieder mehr gefragt als noch vor ein paar Jahren. Der Kontakt zu jungen Menschen kann für Sie ein Jungbrunnen sein, der besser ist als jede Medizin.
3. Geistige und körperliche Beschäftigung. Viele Studien haben den alten Spruch bestätigt: Wer rastet, der rostet! Und auch Sie sollten sich diese einfache Weisheit zu Eigen machen. Jeden Tag Bewegung zu haben und sich geistigen Herausforderungen zu stellen hält Sie fit und jung. Gehen Sie jedoch nicht über Ihre Kräfte hinaus, sonst geht der Schuss nach hinten los.

»So wie die Seele körperlich durch Kindheit, Jugend und Alter hindurchgeht, so geht sie auch weiter zum Wechsel des Körpers. Der gelassen in seinem Selbst gegründete Mensch erlaubt es sich nicht, hierdurch verwirrt und geblendet zu werden.«[59]

Auch geistig sollten Sie den Schwerpunkt weniger auf das Lösen von Rätselheften setzen, sondern sich auch mit tiefer gehenden Themen beschäftigen. Es ist jetzt die Zeit, Klarheit und Frieden mit sich und der Welt zu finden. Nehmen Sie neue Herausforderungen an und beschäftigen Sie sich mit geistigen Themen, Religionen oder Weisheitslehren, darin gibt es eine Fülle von aufregenden Erkenntnissen zu entdecken. Auch das oftmals verdrängte Stichwort Tod sollte auf Ihrer Themenliste nicht fehlen. Wenn Sie Angst vor dem Tod haben sollten, besuchen Sie Seminare, lesen Sie Bücher oder sprechen Sie mit vertrauten Menschen darüber. Irgendwann müssen wir alle diese Welt wieder verlassen und Sie können sich wohl keinen größeren Gefallen tun, als dies mit ruhigem Gewissen und ohne Angst zu bewältigen.

Schlusswort

Frauen sind anders, Männer auch!
Es ist mir als Mann gar nicht so leicht gefallen, ein Frauenbuch zu schreiben. und hätte ich nicht die großartige Unterstützung meiner Frau gehabt, wäre dieses Buch kaum möglich gewesen. Dank ihrer liebevollen aber unerbittlichen Korrekturen und Anregungen wurde mir überhaupt erst bewusst, wie wenig doch ein Mann die Mysterien der weiblichen Natur begreifen kann. Und doch glaube ich, dass es für einen Mann nichts Aufregenderes gibt, als in die für uns mitunter rätselhaften Gefühls- und Gedankenwelt einer Frau einzutauchen.
Mein Wunsch für Sie als Leserin ist es, dass Sie in Ihrer einzigartigen weiblichen Kraft stehen und Tag für Tag aus ihr schöpfen können. Lassen Sie sich nicht von unseren gesellschaftlichen Bedingungen darin einschränken, sondern seinen Sie stolz auf dass, was Sie sind, ob als Mutter, als Tochter, als Schwester, als Großmutter, als Tante – aber vor allem als Frau.

Adressen

Hebammen Praxis München
Robert-Koch-Straße 13
D-80538 München
Tel.: 089 –29 16 97 91

Bezugsadressen für ayurvedische Produkte
Bastei Apotheke
Karl-Theodor-Straße 38
D-80803 München
Tel.: 089 – 39 48 80
Fax: 089 – 34 59 61

Alte Apotheke
Marienplatz 10
D-82467 Garmisch-Partenkirchen
Tel.: 08821 – 20 50
Fax: 08821 – 73 70 0

Induversand
Turmstraße 7
D-35085 Ebsdorfergrund
Tel.: 06424-39 88
Fax: 06424-49 40

Arogyam Ayurveda Shop
Schulrain 2
D – 36179 Bebra
Tel.: 06627-91 54 48
http://www.arogyam.de

Amla Natur
Waldstraße 4
D – 21255 Tostedt
Tel.: 04182-29 16 61
http://www.amla.de

Ashrini Ayurvedische Kosmetik und Nahrungsergänzung
Bei der Schleifmühle 34
D – 85049 Ingolstadt
Tel.: 0841-17 57 2
Fax: 0841-96 12 551

Literatur

Die Bhagavadgita. In der Übersetzung nach Sri Aurobindo. Freiburg 1992
Blüchel, Kurt W.: *Heilen verboten – Töten erlaubt.* München 2003
Buchwald, Dr. med. Gerhard: *Impfen – Das Geschäft mit der Angst.* München 1997
Graf, Dr. Friedrich P.: *Die Impfentscheidung. Eigenbroschüre.* Zu bestellen beim Autor: Dr. Friedrich P. Graf, Lütjenburgerstr. 3, D-24306 Plön, Tel. 04522-1777
Graf, Dr. Friedrich P.: *Kritik der Arzneiroutine bei Schwangeren und Kindern. Eigenbroschüre.* Zu bestellen beim Autor: Dr. Friedrich P. Graf, Lütjenburgerstr. 3, D-24306 Plön, Tel. 04522-1777
Mc Taggart, Lynne: *Was Ärzte Ihnen nicht erzählen.* Kernen 2000
Ornish, Dean: *Die revolutionäre Therapie. Heilen mit Liebe.* München 2001
Risi, Armin: *Gott und die Götter.* Zürich-Berlin 2000

Anmerkungen

[1] Scherer, Dieter: *Das große Ayurvedabuch*. München/Kreuzlingen 2002
Scherer, Dieter: *Ayurveda für Gesundheit und Schönheit*. München/Kreuzlingen 2003

[2] Samhita, Caraka: Vol. 3 by R. K. Sharma Bhagwan Dash, Chowkamba Sanskrit: *Cikitsasthanam*, Kap. II

[3] – Zimmer, Heinrich: *Indische Mythen und Symbole*. Düsseldorf, Köln 1981
– Schumann, Hans Wolfgang: *Die großen Götter Indiens*. Kreuzlingen/München 2004
– Prabhupada, Bhaktivedanta Swami und Bhagavad-Gita: *Wie sie ist*. 1987-www.payer.de

[4] Srimad-Bhagavatam 7.11.35

[5] *Die Bhagavadgita:* Kap. 4, 13. Aus Sena, Srikanta: *Ayurveda-Lehrbuch* Schöna 2003

[6] *Die Bhagavadgita* in der Übersetzung nach Sri Aurobindo, Kap. 18, Vers 41. Freiburg 1992

[7] Prabhupada, Bhaktivedanta Swami und Bhagavad-Gita: *Wie sie ist*. Kap. 18, Vers 42-45. 1987

[8] Rigveda (10:90:12)

[9] Jedes Jahr erkranken in Deutschland mittlerweile etwa 45000 Frauen an Brustkrebs. Siehe deutsches Krebsregister unter www.krebsregister.saarland.de

[10] Ornish, Dean: *Die revolutionäre Therapie: Heilen mit Liebe.* München 2001

[11] Aitareya Upanisad II.4.1.

[12] Jacobsen, Nils-Olof: *Leben nach dem Tod? Über Parapsychologie und Mystik*. Aus dem Schwedischen übers. von Gösta von Uexküll. O.O., Edition Sven Erik Bergh 1973. 2. Aufl. In seinem Buch berichtet der schwedische Arzt Nils-Olof Jacobsen: »Der Forscher Duncon Mac Dougall stellte die Betten sterbender Patienten auf eine hochempfindliche Waage. Im Augenblick des Todes registrierte die Waage plötzlich eine unerklärliche Gewichtsabnahme von etwa 21 Gramm. Die Messungen wurden mehrfach wiederholt. Das Ergebnis war immer gleich. Mac Dougall meint, dass es das Gewicht der Seele sein muss, die im Moment des Todes den Körper verlässt.«

[13] *Die Bhagavadgita*. Kap. 2, Vers 20

[14] *Die Bhagavadgita*. Kap. 3, Vers 5

[15] *Die Bhagavadgita*. Kap. 3, Vers 27

[16] *Die Bhagavadgita*. Kap. 14, Vers 9

[17] *Die Bhagavadgita*. Kap. 14, Vers 6

[18] *Die Bhagavadgita*. Kap. 14, Vers 7

[19] *Die Bhagavadgita*. Kap. 14, Vers 8

[20] *Die Bhagavadgita*. Kap. 14, Vers 14 und 15

21 Dash, Dr. Bhagwan und Suhasini Ramaswamy: *Indische Aphrodisiaka*. Köln 2001

22 Babymassagen können auch bei freien Hebammen in Kursen erlernt werden. Beispielsweise unter www.hebammenpraxismuenchen.de

23 Siehe Kapitel V *Die schwangere Frau* (siehe Seite 87)

24 Laut einer Langzeitstudie am Henry Ford Hospital, Detroit. Quelle: DH-Zeitschrift, Heft 3/2004, Editorial

25 Jama 1981, *Umfrage unter Ärzten, Umfrage unter deutschen Ärzten*; Impfreaktionen, Impfkomplikationen, 40 Jahre DVV, Marburg, Seite 160f., Herausgeber Günther Maas.

26 Hier eine kleine Auswahl von impfkritischen Büchern und Schriften:
- Graf, Dr. Friedrich P.: *Die Impfentscheidung, Eigenbroschüre*. Zu bestellen beim Autor: Dr. Friedrich P. Graf, Lütjenburgerstr.3, D-24306 Plön, Tel. 04522-1777
- Buchwald, Dr. med. Gerhard: *Impfen – Das Geschäft mit der Angst*. München 1997
- Delarue, Simone: *Impfschutz – Irrtum oder Lüge*. München 1997
- *Similia – Zeitschrift für klassische Homöopathie* Nr. 17/1996 und 37/2001, CH-6300 Zug.
- *Impfkritische Informationen* können Sie bei *Pro Patiente*, Tübingen und bei Eltern für Impfaufklärung, unter www.efi-online.de, www.impf-report.de und unter www.impfkritik.de erhalten.

27 Weitere Informationen unter: www.jyotish.de

28 Berliner Morgenpost, Ausgabe 9.11.2003

29 Weitere Infos unter www.bundestag.de/dasparlament/2004/01-02/Beilage/004.html und unter www.hungrig-online.de

30 Samhita, Caraka: Vol.1 by R.K. Sharma Bhagwan Dash, Chowkamba Sanskrit: Sarirasthana, Kap. III

31 Die Upanishaden sind die mystischen Schriften des vedischen Hinduismus. Sie beschäftigen sich damit, wie der Mensch durch Meditation, Erkenntnis und spirituelle Praxis die Erlösung seiner Seele erlangen kann.

32 Die Ausnahme bilden die Menschen, die schon frühzeitig der Welt entsagen, um einen spirituellen Weg einzuschlagen. In Indien nennt man sie Sadhus oder Yogis. Sie haben sich, vergleichbar mit unseren Mönchen oder Nonnen, ganz und gar Gott verschrieben und sind daher von allen weltlichen Pflichten enthoben.

33 Samhita, Caraka: Vol.1 by R.K. Sharma Bhagwan Dash, Chowkamba Sanskrit: Sarirasthana, Kap. II

34 Vgl. Kunsch, Konrad und Steffen, *Der Mensch in Zahlen*. Heidelberg, Berlin 2000

35 Siehe Artikel *Die Träume der kinderlosen Frauen*. Welt am Sonntag, Nr. 2, 11.01.2004

36 www.himalayahealthcare.com/products/speman.htm

37 Samhita, Caraka: Vol.1 by R.K. Sharma Bhagwan Dash, Chowkamba Sanskrit: Sarirasthana, Kap. IV

38 Scherer, Dieter: *Das große Ayurvedabuch*. München/Kreuzlingen 2002

39 Homöopathische und ayurvedische Medikamente können auch Alkohol enthalten. Daher sollten Sie sich diese besser von einem Heilpraktiker oder naturheilkundlichen Arzt verschreiben lassen und nicht selbst experimentieren.

40 Samhita, Caraka: Vol. 1 by R.K. Sharma Bhagwan Dash, Chowkamba Sanskrit: Sarirasthana, Kap. II

41 Samhita, Caraka: Vol. I by R.K. Sharma Bhagwan Dash, Chowkamba Sanskrit Series Office, Varanasi 1995
42 Mc Taggart, Lynne: *Was Ärzte Ihnen nicht erzählen*. Kernen 2000
43 Graf, Dr. Friedrich P., *Kritik der Arzneiroutine bei Schwangeren und Kindern, Eigenbroschüre*. Bestelladresse bei Anm. 27
44 Aus Focus, Heft 4/2004
45 Informationen gibt es unter www.hebammenpraxismuenchen.de für ganz Deutschland unter www.geburtshaus.de
46 British Medical Journal, 1992; 305: 1403-8
47 The Lancet Vol. 362 Nr. 9399, www.thelancet.com
The Guardian vom 8.8.2003
www.medical-tribune.de: Daten aus der Million-Women-Studie
www.studieren.de: Die Million-Women-Studie
www.bfarm.de Bescheid vom 20.06. und 13.08.2003
48 Laut einer Schätzung des klinischen Pharmakologen Prof. Jürgen Frölich von der Medizinischen Hochschule Hannover, hochgerechnet aus einer norwegischen Klinikstudie aus dem Jahr 2001. Die Publikation Frölichs ist einzusehen unter: www.springerlink.com/app/home/contribution.asp?wasp=84vpvgvhxk2n5bm4ek0j&referrer=parent&backto=issue,21,24;journal,2,88;linkingpublicationresults,id:00431,1
49 Weitere Infos dazu unter:
www.aerztlichepraxis.de/aktuell/artikel/1047905674/gynaekologie/klimakterium
50 www.bfarm.de Bescheid vom 8.12.2003. Sehr empfehlenswert für alle Frauen in diesem Zusammenhang ist der Fragen-Antwort-Katalog der BfArM, der unter www.bfarm.de einzusehen ist.
51 Der Heilpraktiker und Volksheilkunde, Ausgabe November 2003
52 Weitere Hinweise und Erläuterungen zum Thema ayurvedische Ernährung finden Sie im *Großen Ayurvedabuch*
53 *Die Bhagavadgita*. Kap. 2, Vers 13
1 Der Heilpraktiker und Volksheilkunde, Ausgabe November 2003.

Register